ジョン・ロバートソン

野原慎司＋林直樹 訳

啓蒙とはなにか

忘却された〈光〉の哲学

白水社

THE ENLIGHTENMENT

A Very Short Introduction

John Robertson

啓蒙とはなにか——忘却された〈光〉の哲学

THE ENLIGHTENMENT : A VERY SHORT INTRODUCTION
by John Robertson

目次

装幀＝コバヤシタケシ　組版＝鈴木さゆみ

日本語版への序文

日本の読者にこの本を紹介できることを嬉しく思います。十八世紀のヨーロッパ啓蒙の思想、とりわけ近代経済理論の基礎におけるその役割は、日本の学者が長い間興味を示してきたことでした。特に名高いのは、水田洋、田中秀夫、坂本達哉、草光俊雄、犬塚元、川出良枝、壽里竜、そしてこの本の翻訳者である野原慎司の諸氏の貢献です。水田教授に牽引されつつ、日本の学者は、スコットランドの偉大な経済学者であるアダム・スミスの思想の学問的研究の最前線に立ってきたのであり、また、スミス理解の鍵となるアダム・スミス蔵書の内容の再構成に誰よりも多くのことをなしてきました。同時に、オックスフォード、今はケンブリッジ大学という私の所属する大学と、日本の大学の間には、政治・社会・経済思想史への関心の共有を通じて、強固な絆が発展してきました。日本からイギリスへの訪問者は、多年にわたり歓迎され、また我々にとって示唆的な訪問となってきました。

「非常に短い」入門書として、この本は、歴史的視野から「啓蒙」を理解することを模索しています。したがって、啓蒙は、広範な思想運動として提示されています。その運動は、(最も完全な定義では）十七世紀末から十八世紀末まで続いたもので、一七四〇年から一七八九年の五十年間にその活動と業績が頂点を迎えたものです。啓蒙は、核心においては「哲学」の運動です。その哲学のうちで最も高名なのは、最も偉大なヨーロッパの哲学者の内の三人であるジョン・ロックおよびデイヴィッド・ヒューム、イマヌエル・カントです。しかし、この場合の「哲学」は広義に定義されたものです。啓蒙の支持者を特徴付けるのは、この世での人間の条件の理解と改善への寄与です。ヴォルテールおよびディドロ、ヒュームを含む啓蒙の支持者の一部は、宗教的信仰にかなり敵対的でした。しかし、多くの啓蒙の支持者は、天国での救済を待つよりも地上での人間の条件を改善するのに努力を集中させた一方で、（キリスト教、あるいは一部の例ではユダヤ教という）宗教的信奉を公言することを持続させています。

この啓蒙の寄与から、啓蒙の哲学者は、特に幾つかの探求領域に専心するように導かれました。彼らは、社会で合理的な調和をもって生きるよう我々を導く道徳的価値について熟考していました。彼らは、狩猟採集から、動物を家畜とすること、そこから土地の耕作、最終的に製造業と商業へと発展する人間社会の諸段階を調べました。彼らが考えたのは、「社交」への我々の欲求は、市場関係での競争をいかに埋め合わせるかということでした。そして、彼らがかつてないほど詳細に探求したのは、いかに近代の商業社会が機能するかということであり、社会の成員全員にとって利益となるように可能な限り効率的にその商業社会が機能するにあたっての障害は何かということでした。この探求の視点から、彼らは（それ自体相対的に新しい観念である）「公衆」の教育と、それゆえに、政府が教育を受けた「世論」に従うことを求めました。

しかし、十八世紀啓蒙に弱点があるとすれば、それは政治です。おそらく、啓蒙の哲学者は、変革圧力の力を理解できませんでしたが、それは自らが生み出すのに寄与したものでした。一七八九年のフランス革命により変革が起きると、急進主義と暴力という変革が生じました。それは、啓蒙の哲学者が予期していなかったもので、啓蒙運動を破局的終焉へと至らせました。

啓蒙の突然の終焉から、啓蒙の遺産について我々は慎重であるべきです。啓蒙の「近代性」を祭り上げ、現代世界での宗教的極論の勃興に対して啓蒙の価値と思想を守ることが我々にとり必要と論じることが、近年のヨーロッパとアメリカでの啓蒙の説明の傾向として存在します。我々はもっと自己批判的であるべきだと私は信じます。一八〇〇年以来多くの西洋の哲学者が論じてきたのは、啓蒙の思想は、近代世界の害悪の一部に責めを負っている可能性があるということでした。人類の相違についての啓蒙の理論は人種差別の基礎となりました。分業の利益についてのアダム・スミスの主張からは、（彼が危惧したように）技術が人間活動より重要である生産体制が導かれました。啓蒙の思想家が全く気づいていなかった挑戦に我々の世界が直面しているのも事実です。彼らには、核兵器の破壊性という観念はありませんでした。二十世紀およびすでに二十一世紀の世界の貧困地域で生じている人口増大も予期できませんでした。彼らには民主主義という観念がほぼなく、ヨーロッパ以外の世界はともかくとして、ヨーロッパの政治行動を民主主義がいかに変革するかに関する観念もほぼありませんでした。周知のような、人間が、いつか環境を開発し、気候を変え、動植物と人間の生活を変えるであろうということを想像できませんでした。

一八〇〇年以降生じたことを前提とすると、啓蒙の思考への回帰により現代の問題を解決しうるというのは西洋人のノスタルジーです。しかし、我々はいまだ啓蒙から学ぶことができます。啓蒙とは、人間がどう生活しているのか、地上での人間生活をどう改善できるかについてよりよく理解しようとする非常に意図的な努力が行われる契機だったのです。啓蒙はまた、教育を受けた世論が前面に立つという考えや、政府がそれを考慮にいれることが期待されるということが生じる契機だったのです。それらは、褒め称えられるに値する達成であり、世界を通じて人類がこの地上での生活条件を改善し続けるのなら、二十一世紀にふさわしい形態で繰り返される必要のあることなのです。

最後に、本書の訳者である野原慎司と林直樹の各氏、および、出版社の編集者である竹園公一朗氏の、この小著が日本語で利用可能になるようにした取り組みと仕事ぶりに感謝します。この本にこの機会を与えた彼らに非常に感謝しています。

二〇一九年一月六日

ジョン・ロバートソン

謝辞

原稿をすべて読み、たくさんの鋭い問題提起をしてくれた、アヴィ・リフシッツとブライアン・ヤング、それにオックスフォード大学出版局の二人の匿名読者に、最大の感謝を捧げたいと思う。同じくらいの感謝を、各章への建設的な批判を行い、各章を大きく改善してくれた、マクシーン・バーグ、ディミトリ・リーヴァイティン、そしてサラ・モーティマーに捧げたい。さらには、シルヴィア・セバスティアニとパリの社会科学高等研究院における彼女の同僚たちや、ケンブリッジにおける私の同僚たちと政治思想・思想史修士課程の学生たちにも、そこでの議論を通じて本書のアイデアの多くがふるいにかけられたという意味で、ずいぶんと寄与してもらっている。挿絵として使われている画像を選定するに当たっては、フォ・オーベルにかなり助けてもらった。最後に、そしてこれまで通りいつでも家族の支えには感謝しているし、家族のいちばん新しいメンバーに、本書を捧げたいと思っている。

第一章　啓蒙

思想史上の節目として、啓蒙ほど見解の一致をみない対象はほとんどない。歴史現象として、啓蒙は十八世紀ヨーロッパの知的運動と同一視されている。その場合、その知的運動は、ある特定の観念だけでなく、その信奉者が広範な読者と実践家の獲得へ向けて全力を捧げている運動として特徴付けられる。しかし、十八世紀においてさえ、啓蒙の重要性は、その直接の歴史状況を超えたものであると信じられた。すなわち、啓蒙は、世界における人間の地位および人間の境遇の根本的な改善についての、新しく、明瞭に近代的な理解の展望を与えるものであった。啓蒙が表象するものは、十九世紀と二十世紀を通じて、さらには二十一世紀にも、歴史家からも哲学者からも批判的に論じられる対象となり続けている。啓蒙が「依然として問題である」のはなぜかが、過去のいかなる時点よりもむしろ今現在、議論されている。

本書の目的は、啓蒙がその十八世紀的条件においていかなるものであったのかのあらましを述べることと、なぜ啓蒙が十八世紀以降それほど批判されてきたのかを説明することにある。私が示そうとするのは、啓蒙を理解する鍵は、啓蒙が十八世紀において様々に解釈されてきた「哲学」という言葉と当初から結びついてきたことを認識できるかどうかにある、という点である。さらに言えば、「啓蒙」についての哲学上の観念は、「近代的なもの」と、そして、次第に「近代性」それ自体と同一視されていった。したがって、これから様々に説明するように、啓蒙は、歴史的な調査の対象となる以前に、哲学上の観念であったということである。二十世紀において、啓蒙が歴史的吟味にかけられたときには、啓蒙は、それ以前に理解されていたよりもはるかに広範で複雑な運動であったことが見出された。しかし、啓蒙は歴史現象であると同時に哲学上の観念であり続けているが、まさにそれがために、啓蒙の意味と意義は他の純粋な歴史の出来事よりもはるかに大きな重要性を獲得してきた。啓蒙を論じているのは学者や学生のみならず、より広範な公衆であるが、そのうちの多くの人は、啓蒙が肩入れしていると彼らの側で信じていることに激しく反対している。本書で啓蒙の敵の迷いを解くつもりはないが、いくつかの誤解を正し、最新の見通しを提供することを私は望んでいる。

啓蒙とは過去にどのようなものであり、今に至るまでの間にどのようなものとなってきているかを再構築するためには、早くも十八世紀に開始された、その定義をめぐる問題をまず検討せねばならない。

同時代の定義

「啓蒙」には多くの翻訳語がある。というよりもむしろ、英語の啓蒙Enlightenmentという言葉それ自体が十九世紀後半に造られた翻訳語であり、ともに十八世紀に使われていたフランス語の啓蒙《リュミエール》（lumières）とドイツ語の啓蒙《アウフクレールング》（Aufklärung）という二つの別々の言葉を元にしている。これら二つの言葉は「光」の観念を共有している。しかしながら、フランス語の名詞の方は複数形であり、ドイツ語の方は、光の輝きよりも解明の過程を強調する。その際、光は強い宗教的含意を帯びていた。すなわち、キリストは世の光、我々の魂に入り込む光なのである。しかし光は、プラトンにまで遡る、哲学とのより古い結びつきを持っていた。光とは、「プラトン『国家』の中での、生来縛り付けられ、物の本体ではなく洞窟に映る影しか見られない人の場合の」偏見と無知の壁が我々の視界を曇らせている洞窟から出て、我々が獲得する真理についての知識である。この連想は十八世紀初頭に再び利用された。それは、パリの科学アカデミーの幹事であったベルナール・ド・フォントネル（一六五七～一七五七年）が「ほとんど全く新しい哲学的精神」と啓蒙《リュミエール》を明示的に同一視したときのことであった。一七五一年には、哲学と、啓蒙《リュミエール》にまつわる「進歩」との結びつきは、ジャン・ダランベール（一七一七～八三年）がドゥニ・ディドロ（一七一三～八四年）とともに編集者を務めた偉大なる『百科全書すなわち諸学技芸事典』*Encyclopédie* 第一巻への、ダランベールが書いた「序論」において、祭り上げられるまでになった。

ダランベールが「序論」で意図したのは、『百科全書』全体を俯瞰する一つの知の枠組みを提供することだった。この目的のために、十六世紀以降の人間知性の「系譜学」および知識の「進歩」の歴史的説明と呼ぶところのもの両方を、彼は示した。彼による知性の「系譜学」は、その起源が感覚にあることを示唆していた。すなわち、観念とは、直接的に感覚に由来するか、それに引き続く異なる諸観念の結合と比較を通じた反省に由来するものなのである。生得観念の存在という命題を受けて直近の時期に疑問が呈されていたとはいえ、知性の感覚的起源は、古代哲学によって、そしてスコラ哲学によってさえ認められていた真理であった。自然の支配する領域では、人間の知識は、数学によって秩序付けられうるものであるとしても、究極的には経験に由来するものである。私たち人間に関して言えば、知識の最も重要な部門は自己保存の必要によって促進されている部門である。その知識の部門は、人間のコミュニケーション手段としての言語の研究、経験を記録する歴史、および道徳と政治学の研究を含んでいる。工作技術を含む技芸は想像力によって補われる必要があるため、技芸に関する場合にのみ、感覚だけでは不十分である（図1）。

知識の「進歩」の歴史を回顧したダランベールは、前世紀すなわち十七世紀のイギリスの哲学者ベーコンとニュートンそしてロックを、知性を感覚由来とする説明の近代における提唱者と認めた。何ということか、生得観念という過ちは、フランスの哲学者デカルトと結びつけられたのである。しかしながら、当世紀ではフランス人はデカルトを拒み、感覚に基づくロックの哲学を採用した。ロックの当時の支持者にはヴォルテールとモンテスキュー、コンディヤッ

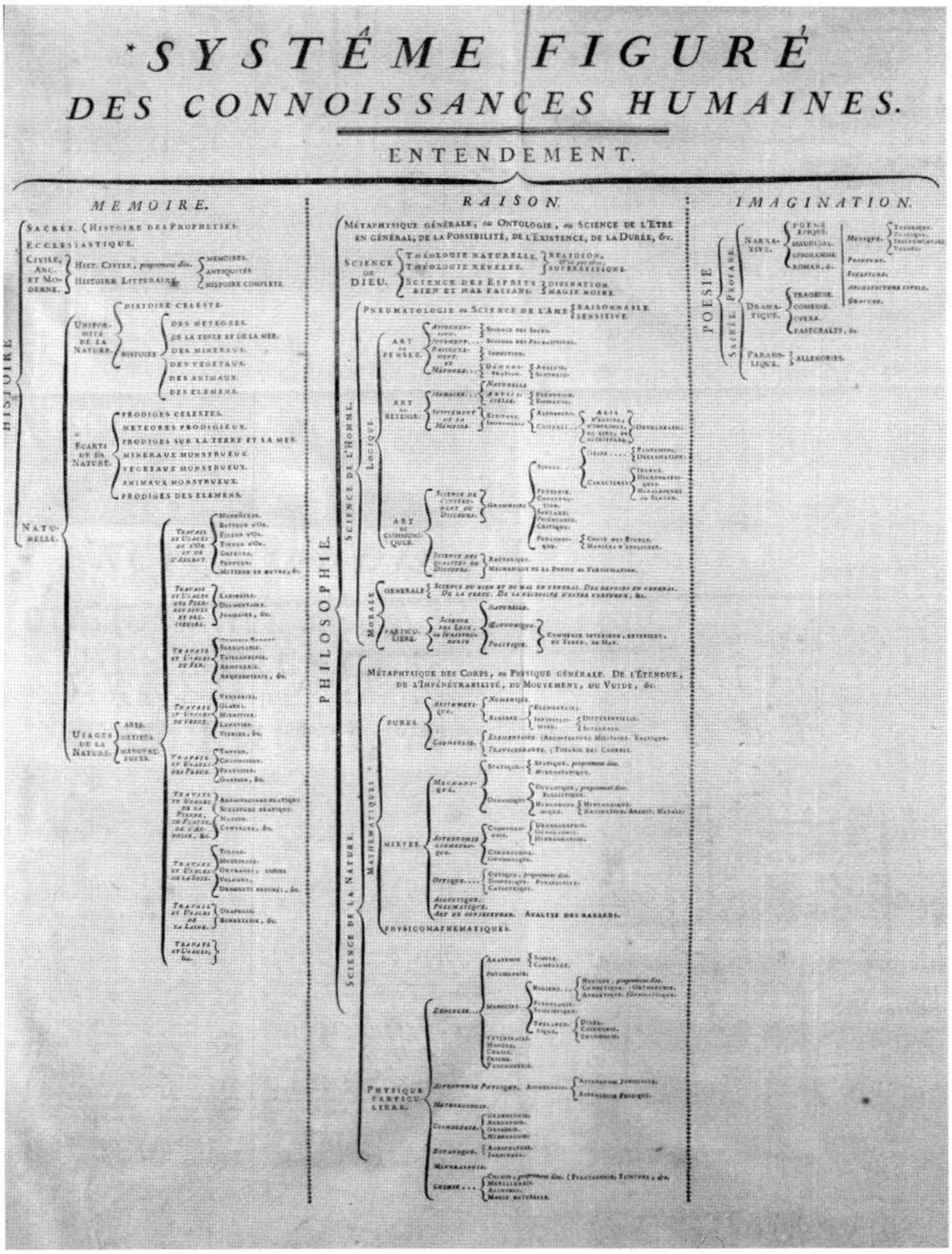

図１　ダランベールとディドロの『百科全書』による知識の系樹。知識の系樹、すなわち「人間知識の体系的記述」という考えは『百科全書』の独創ではないが、そのおかげでダランベールは、図表的な形態において知性の「系譜学」を示すことができた。

クとビュフォンが含まれていた。

啓蒙《リュミエール》とこのような特定の哲学を結びつける際、ダランベールは啓蒙を、「古代人」に優越する「近代人」という大義名分と明示的に連携させた。彼がそのことをなしたのは、古代ギリシャ・ローマと近代ヨーロッパの文学と哲学のどちらが相対的に優越しているかに関する、同時代の「古代近代」論争に関与することを通じてであった。ダランベールは近代的思考に一方的に肩入れしているのではない。古代哲学もまた感覚に知識が由来するとしたこと、古代人への憧れが十六世紀の「文芸ルネサンス」の時代に学問探求の再生を促したことを、彼は認めていた。しかし、ダランベールが擁護するところの「哲学」は、明らかに「近代人」の哲学であった。同じ理由によって、彼はその哲学を、十七世紀の「科学革命」と歴史家が呼ぶものに結びつけている。現代では用いるのがためらわれている「科学革命」という言葉は、「自然哲学」と同時代人が呼んだもののいくつかの部門における拡大と変化の複雑な過程を過度に単純化している。しかし、ダランベールが確信していたのは、自然理解におけるこの近年の前進が哲学を変容させてきたこと、そしてそうすることで、同様に人間社会の探求の基礎を組み替えてきたことであった。

同じ結論には、コンディヤック師（一七一四〜八〇年）とスコットランド人デイヴィッド・ヒューム（一七一一〜七六年）という他の二人の哲学者がすでに到達していた。コンディヤック『人間認識起源論』*Essai sur l'origine des connoissances humaines*（一七四六年）とヒューム『人間本性論』*A treatise of human nature*（一七三九～四〇年）は、観念の感覚的基礎というロックの議論の含意を発展させるものと著者自らにより表明されていた。コンディヤックは、知性に関する自身の説明を、言語の、したがってあらゆる人間文化の起源についての新しい説明の基礎としたし、他方で、ヒュームは新しい「人間学」に劣らぬものを彫琢するという自身の野心を示した。ダランベールが「序論」を書いたとき、彼はヒュームの貢献を明らかに知らなかったものの、哲学を啓蒙《リュミエール》と同一視しようとするダランベールの選択は、同時代の英仏の知的文化の支配的な趨勢と一致していた。

当時はもちろん他の哲学体系も存在していた。特に、オランダのユダヤ系哲学者バールーフ・デ・スピノザ（一六三二～七七年）の唯物論と、ドイツ人の博識家ゴットフリート・ライプニッツ（一六四六～一七一六年）の合理主義がある。スピノザによると、神と自然は、ある「実体」の異なる「様態」であるにすぎない。すなわち、神は自然のすべてに顕現しており、自然は神である。したがって、神は自然に対して外部の「摂理の」力として働きかけるのではない。自然はすでに、そしてつねに自己完結している。第二章で検討することであるが、一部の歴史家は昨今、スピノザの「一元論的」形而上学と、宗教批判を優先する「ラディカルな啓蒙」との間に、密接な結びつきを見ようとしている。対して、ライプニッツと彼の信奉者であるクリスティアン・ヴォルフ（一六七九～一七五四年）は、自然の力と人間の行為は人間理性を通じてのみ接近可能な神による予定調和のもとで相互に作用しているという、世界の全体論的な理解の可能性を支持していた。先験的《ア・プリオリ》な第一原理に基づく形而上学の可能性は、翻って、一七八〇年代におけるイマヌエル・カント（一七二四～一八〇四年）の新しい「批判」哲学の基礎の起点となるものであった（図2）。

さらに言えば、この時代、啓蒙と哲学の新しい結びつきが、ダランベールが想い描いたものとは別のかたちで出現した。一七八三年にもなると、ドイツ語の啓蒙《アウフクレールング》の使用は非常に頻繁になっていたので、『ベルリン月報』*Berlinische Monatsschrift* のある寄稿者は、「啓蒙とは何か」という直截的な問いに明確な回答を与えることを求めた。圧倒的に、その答えは、啓蒙《アウフクレールング》を、宗教よりも哲学と同一視するものであった。当時の主導的なユダヤ人哲学者であるモーゼス・メンデルスゾーン（一七二九～八六年）にとって、啓蒙とは理論的知性を示すものであり、文化と教育のかけがえのない侍女とみなされるべきものであった。

しかしながら、最も有名な回答はイマヌエル・カントによるものである。カントは『啓蒙とは何か』*Was ist Aufklärung*（一七八四年）において、啓蒙《アウフクレールング》を、人類が自らに課した未成年の状態から自らを解放するという目標のために、公共的に理性を使用する自由と定義した。「理性」ということでもって、カントは『純粋理性批判』*Critique of pure reason*（一七八一年）におぼろげに現れていた哲学を念頭に置いていた。そこでは、原因と実体というア・プリオリな定言的命題の彫琢をなす理性は、物理世界と精神世界の双方を人間が理解する前提条件であると、カントは論じた。

『啓蒙とは何か』において、カントは特に宗教的事柄について理性を使用することを勧めているが、彼が明瞭に意図していたのは、理性を、人類の利益となりうるところのあらゆる主題に適用することである。理性の「公共的」使用ということでもって、カントは、出版物での自由な表現を意味していた。カントはそれを、公職保有者すなわち公僕、聖職者、学者、市民全般が自らの職務要件を満たす「私的な」義務と対比した。例えば、聖職者は、説教中に自分の教会の信条を疑うべきではないし、教授は講義中に自分の講座の資格要件を疑うべきではない。しかし、両者は、一般的な公共の関心事について、同胞市民や国王に語りかける自由を持

図2　18世紀の、そしてあらゆる時代を通じての最も偉大な哲学者の一人であるイマヌエル・カント（1724-1804年）は、現在のカリーニングラード、当時の東プロイセンのケーニヒスベルクに生まれ、住み、亡くなった。

つべきである。メンデルスゾーンと同様、カントが確信していたのは、プロイセンの王フリードリヒ二世はカントの主張を理解していることであった。だからこそ、カントが述べるには、現代は「啓蒙の時代、すなわちフリードリヒの時代」なのである。しかし、それはまだ「啓蒙が完了した時代」ではなかった。カントは、フリードリヒの後継者である偏狭なフリードリヒ・ヴィルヘルム二世をそれほど信頼していなかった。啓蒙の過程は継続が必要なのであった。

この問いに対するカントの回答の経済性〔つまり前提条件の少なさ〕と、その明晰性が、啓蒙の定義を「手短に」この回答に代弁させようとする誘惑を生んできた。だが、それは二つの理由で間違いのもとである。第一に、カントがドイツ語の啓蒙《アウフクレールング》に結びつけた哲学はダランベールのそれとは違うし、カント哲学は実際、知性が経験からのみ引き出されるという見解に対する体系的批判に基礎付けられている。そうした面では、先のフランス人たちと、それにデイヴィッド・ヒュームは、理性こそが哲学的知性にとっての鍵だとするカントの確信を、まるで分かち合ってなどいない。アウフクレールングと啓蒙《リュミエール》がどちらも「哲学」に関連付けられているとはいっても、それはほとんど別の哲学なのである。第二に、カントはアウフクレールングを一つの過程として特徴付けており、定冠詞を伴う有限の現象ないし期間とは見なしていない。定冠詞の付された「啓蒙」という定義にいたるまでには、なお距離がある。

この点は、百年以上の歳月を経て英語の啓蒙とイタリア語の啓蒙《イルミニスモ》（Illuminismo）が初めて用いられるようになったとき、それはアウフクレールングからの翻訳としてであったという事情によって際立つ。いずれの場合も、カントやヘーゲルの継承者を自認する観念論哲学者たちが訳語を造り出した。しかしながら、彼らの用法はずいぶんと批判的になっていた。啓蒙の哲学など過去のもので、ヘーゲル哲学によってすでに乗り越えられたと見なされていたのである。そのように啓蒙を定義し、かつ、異を唱えることを通じて、当時の哲学者たちは啓蒙という概念をより厳密に把握し、それが別の思想的次元、つまり宗教的であったり文学的であったり（間接的なものを除いて）科学的であったりする思想と結合するのを防ごうとした。さらに二十世紀に入ると、歴史家たちが啓蒙と哲学の結合を緩和しようと、そして、より幅広い知的活動に啓蒙を関連付けようと試みるようになった。だが、啓蒙という主題に対する哲学者の関心は弱まらず、むしろ、これまで以上に彼らは啓蒙を求め、かつ、啓蒙に挑み続けるようになってきている。その重要性については第五章で再び論じることにしたい。

「哲学」を啓蒙《リュミエール》と関連付けた極めつけの一押しは、十八世紀後半のフランスにおけるフィロゾーフの最も手厳しい批判者、反フィロゾーフの中から現れた。啓蒙《リュミエール》という術語を体系的に用いはしなかったが、そうした批判者はあからさまに、哲学とその擁護者、フィロゾーフないし「百科全書派」を、無宗教、そしてフランス君主政のもとでの社会政治秩序に対する災厄と見なした。攻撃は一七六〇年代初めに早くも開始され、一七八〇年代に入って急速にエスカレートし、一七九〇年代にクライマックスに達した。それは、「啓蒙」の邪悪な帰結の数々に対する彼らのすさまじい危惧が正しかったことを、革命の展開が証明したように見えたからだった。

特によく知られた弾劾はバリュエル神父によるもので、一七九七年に彼は、フランス革命とは反キリスト的フィロゾーフによる陰謀の産物に他ならないと主張したのである。この手の非難は一八一五年のナポレオン敗退とブルボン王政復古後に激しさを倍加させて再び聞こえてきたし、その後の五十年間には、アレクシ・ド・トクヴィルのようなリベラルな歴史家たちさえも、この枠組みを使って革命の知的源泉を説明した。トクヴィルは陰謀という言葉を用いたわけではなかったが、フィロゾーフや知識人の思考を特徴付ける高度な抽象性が、フランス人民に「自由」への危険なほどにまで非現実的な期待を抱かせる決定的要因になったと、信じ込んでいた。

歴史的再構成

歴史的なへだたりが啓蒙研究において取り入れられはじめたのは、二十世紀初頭を迎えてからのことにすぎない。ギュスターヴ・ランソンと弟子のダニエル・モルネおよびポール・アザールの先導で、フランスの文学史家たちは革命の「知的源泉」という問題を初めて学問の俎上に載せ、フィロゾーフと革命の単純素朴な同一視を退けた。一九三〇年代には、イタリアの歴史家フランコ・ヴェントゥーリのような、ファシズムに反対する若き抵抗者たちが『百科全書』

の知的世界に対する調査を再開し、ディドロの政治的急進主義をはるかに建設的なものとして眺めた。この新たな視点がさわやかな風を受けて成長したのは第二次世界大戦後のことだったが、それはヨーロッパ大陸中の文学者や歴史家が、昨今経験したばかりの過去よりもはるかに好ましい過去を、かの地に提供しようとしたためであった。彼らは、十九世紀のナショナリズムと人種主義に代えて、いまやずっと魅力的なものになった十八世紀を見返し、そこに定冠詞の付いた「啓蒙」を見出したのである。

したがって、啓蒙が学者や一般公衆の意識の中でついに自らの足場を確立し、フィロゾーフとそのヨーロッパ中の同盟者がかつて支持を与えた広範な思想運動と同一視されるにいたったのは、一九五〇年代から六〇年代にかけてのことだった。それは、学者の側からの回顧的「構成」であったと認識しておくことが大切である。そうした再構成ないし再構築に本質的な誤りなど存在しない。文学史家や哲学史家を含む歴史家たちは、過去を意味のあるものにするために、彼ら自身の範疇を過去に拠りかからせなければならないものだからである。「ルネサンス」「科学革命」「啓蒙」は、現在用いられる際にもそうであるように、すべて歴史家の構成物である。啓蒙の場合は、リュミエールやアウフクレールングという言葉が十八世紀にすでに存在したことが、歴史家の構成物であるところの概念に威信を付与している。しかし過去と現在の用語法は同一ではない。定冠詞付きの「啓蒙」をひとたび構成し終えたのち、歴史家たちはその語に意味させた事柄を自由に発展させ、また伸長させてきた。

その結果、啓蒙に結びつけられ得る事柄は、リュミエールとアウフクレールングが最初に結びつけられていた事柄をはるかに超えて、地理的にも社会的にも知的にも拡張を続けてきた。啓蒙の地理は初め単純に見えた。リュミエールはパリから外部へと広まり、かたやアウフクレールングはドイツ語圏の一握りの都市、すなわちベルリン、ゲッティンゲン、さらには（カントの出身都市で、現在はカリーニングラードといい、ポーランドとリトアニアに囲まれたロシアの飛び地である）ケーニヒスベルクに姿を現した。そこでの啓蒙の発現に誰か別の者を結びつけることができるとすれば、それは文通相手か客人としてであって、例えばデイヴィッド・ヒュームとか、イタリア人のチェーザレ・ベッカリーアやフェルディナンド・ガリアーニが挙げられる。

こうした前提に挑戦した最初の人物が、きわめて偉大な啓蒙史家フランコ・ヴェントゥーリであった。一九五三年に彼は、十八世紀中葉から後半にかけて啓蒙主義的改革の大義を掲げていたイタリア出身者を多数つきとめ、彼らを関連付ける作業を通じて、自国の啓蒙《イルミニスモ》に注意を向けるようにと同胞のイタリア人たちに訴えた。十年後の一九六三年、ジュネーヴで第一回国際啓蒙会議が開催され、啓蒙研究において中心から離れる傾向は強められた。それからまもなくして、啓蒙はナショナルな文脈の範囲内に、つまりスペインやスカンディナヴィア、スコットランドや東ヨーロッパそして北アメリカ植民地の中に見出されるようになった。しばらくの間イングランドが取り残されたように見えたのは事実であるが、一九八〇年代に入って、かの地の歴史家たちは慌てて遅れを取り戻した。

最近では再び、注意は「ナショナルを超えた」啓蒙の方に、つまり思想と行動様式と人間たち自身の越境を可能にする道の方に、移ってきている。最も新しく、そしてきわめて野心的なのは、南北アメリカ、インド、中国を包摂する「グローバルな」啓蒙という展望であり、そこでは、ヨーロッパの商人や学者や宣教師が運んだ思想が、古代アメリカ文明の残存物や、クレオール・バロックや、イスラムとヒンドゥーの宗教文化や、儒教と、対話を始めたと見る。

同種の圧力が啓蒙の社会的次元を押し広げてきた。フィロゾーフの「高尚な」啓蒙のみに焦点を当てることに飽き足らない学者たちは、ロバート・ダーントンを模範にして、グラブ街三文文学に現れる「低俗な生活」やアンシャン・レジーム期フランスの出版過程を探索してきた。他の学者たちは、入場料や会費を支払うことのできる者たちすべてが様々な思想について議論しあう日常的な社交場、すなわちコーヒーハウスや、読書クラブや、習俗・農業・工業改良協会について、研究を続けてきた。これらのうちで最も重要なのは、啓蒙における女性の役割が男性フィロゾーフのためのサロンにおける受け身のホステス役に限定されていたかどうかを、学者たちが問題にしてきたことである。研究の焦点は次第に思想それ自体には当てられなくなってきた。問題にされるのは、思想が誰を包み込んだか（誰を締め出したか）、また、新しい思想を吸収した者たちは、どの程度まで、文化的で社会的で政治的な変化の広範な過程における能動的参加者となったか、である。

インフレ圧力は啓蒙の思想史にすら狙いを定めた。フィロゾーフが関心を有した領域、あるいは『百科全書』が取り扱った領域に含まれる主題の一つひとつに目を向けるようになった反面で、歴史家たちが啓蒙の領域から知的活動の特定の分野を除外するということが、ますます少なくなってきている。とりわけ科学史家たちは、自分たちの主題を含めるよう主張してきた。前世紀から受け継がれたこの思想の伝統が顕在化した結果、啓蒙に独特な思想群を見分けることは困難だという結論が、強められている。J・G・A・ポーコックがそうであるように、歴史家たちの多くはむしろヴィトゲンシュタインの言語理論から術語を借りて思考しようとしており、互いに重なり合ってはいてもすべてに共通する要素は何一つ存在しない、啓蒙の諸言説という一つの「家族」について、語ろうとしている。

啓蒙はまさしく歴史家の構成物だからこそ、近代の学問的関心が移り変わるのに応じて自らを押し広げることが許されてきた。それはまるで、啓蒙が求めた程度に進歩的なものはつねに新しい、あるいは興味の尽きない思想を表明し続けるだけでなく、十八世紀において目にすることのできる大義名分をことごとく包含し続けるべきだと、私たちが考えてでもいるかのようである。そうした多様性に直面した多くの学者が、一つの啓蒙、つまり「定冠詞」の付された啓蒙を考えることなど不可能になったのだと結論付けたとしても、そして、代わりに複数形の「諸啓蒙」について考えるのを好むようになったとしても、驚くには当たらない。啓蒙の一貫性に対する圧力が耐えがたいところにまで達したため、啓蒙の構成ないし構築はいわば、その脱構築に行き着くようになったわけである。

本書はしかし、そうした学者たちの窮余の一策に基礎を置いて著されたものではない。私たちは、啓蒙に過大な期待が寄せられてきたことを認めなければならないし、啓蒙はつねに新しい思想を包み込んだわけではなく、時代ごとの大義をことごとく前に進めたわけでもないことを、受け入れなければならない。だが、啓蒙はここでは、十八世紀に特徴的な知的運動、つまり、この地上における人間の境遇のより良い理解と、その理解をもとにした人間の境遇の実践的進歩とに捧げられた運動として、より限定された基礎のうえに再構築することができるだろう。

以下で私は、この啓蒙の定義とともに叙述し、この定義を擁護することに努めたい（啓蒙の前に置かれた定冠詞を問題にする学者もいるが、私は、運動としての啓蒙に言及する際にはこれを用い続けるつもりである。過程としての啓蒙に言い及ぶ場合には、定冠詞を省略する）。議論は三つの主だった章の中で行われる。第二章と第三章は啓蒙の知的内実を扱う。一方は、宗教との、しばしば想定されるほどにまで決定的なわけでは決してなかった闘争を、他方は、道徳や歴史社会や政治経済の研究を通して人間の向上のための条件を理解しようとした啓蒙思想家たちの努力を取り上げる。第四章は啓蒙の社会的文脈について、つまり啓蒙が出版業者から得た支援や、啓蒙著述家が「公衆」に手を伸ばそうとしたり「世論」を形づくろうとしたりして用いた手段について、検討する。それはついには政治への新しい接近法を編み出すにいたると言えるのだが、しかし、一七八九年の革命によって目的を遂げるどころか、むしろ一蹴されることになった。

これらの章で示された啓蒙は、ブリテンからトランシルヴァニア、そしてバルト海から地中海にいたるまでの全ヨーロッパ大陸に及ぶ、一つのヨーロッパ的現象であった。それはまた、大西洋を横断して南北アメリカのヨーロッパ植民地に達し、また大西洋からインド洋と太平洋に向かい、そこでインドや中国の文化に出会うという、一つの啓蒙でもあった。だが、私の理解する啓蒙はあくまでヨーロッパ世界の中の一現象である。類推や翻案を通じて中国や南アジア土着の啓蒙を構成することが、あるいは、この現象をヨーロッパないし世界の歴史上の全く別の時代に移設することが、仮に可能だとしても、そうした仕事は他人に任せることにする。私はここでそうしたことを試みるつもりはない。良かれ悪しかれ、啓蒙はヨーロッパの創造物であり遺産である。

しかしながら、第五章では、啓蒙が哲学者や歴史家の手でいかに多様に描かれてきたかを顧みることで、その遺産の評価を試みることになるだろう。近年、歴史家たちは啓蒙の「近代性」を特に強調し、啓蒙が「依然として問題である」と主張する傾向にあるが、これほどにまで多くの哲学者たちが意見を異にしてきたわけを、そして啓蒙を賞賛の対象として以上に批判の対象として扱ってきたわけを理解することは、やはり重要である。

第二章　宗教との関わり

啓蒙は宗教に敵対的であると広く信じられている。時折、啓蒙思想家は、宗教を非合理的な妄想として非難していることから、宗教全般に対抗しているとみなされている。より一般的に信じられているのは、啓蒙は迷信に特に敵対しており、それゆえに、ローマ・カトリック教会に敵対しているということ、啓蒙は寛容に棹さしているということ、および、啓蒙は聖職者の権力と富を非難しているということである。しかしながら、それが一般的であると解釈されているにせよ特殊なものであると解釈されているにせよ、啓蒙の宗教への敵対は、「世俗化」の歴史のなかの画期的な出来事であると広く考えられている。その場合、「世俗化」とは、宗教の遵守が社会生活の必要な次元であるというよりも任意の次元であるとみなされるようになる過程のことである。

しかし、しばらく前から研究者が指摘してきたのは、実際の構図はそれらの紋切り型が認めるであろうよりもはるかに複雑だということである。最低限でも、啓蒙は、宗教への幅のある態度と結びつけることができる。啓蒙を、宗教的信条の合理性と一貫性への根本的な批判と同一視することをいまだに望む人たちは、今では、そのような批判を、特に「ラディカルな啓蒙」と結びつけている。その場合のもっとも熱心な主張者であるジョナサン・イスラエルならば、ラディカルな啓蒙を、無神論すなわちスピノザの形而上学に排他的に属させるであろう。対照的に、他の研究者が主張するのは、啓蒙は、プロテスタント異端派のより知性的な部分や、カトリック改革派の潮流に由来する、独自の「宗教的起源」を有するということである。彼らが論じるには、宗教の歴史あるいは社会的役割への啓蒙の関心や、教義の違いに対する寛容への啓蒙の寄与は、これらの起源に由来していた。啓蒙と結びつけうる多数の人々は明らかに信仰を維持していたので、「宗教的啓蒙」という観点から考察するのは矛盾ではないと、それらの研究者は主張する。

啓蒙の宗教への態度を決定するという問題は、啓蒙に特徴的な関心が十八世紀よりはるかに以前からどの程度現れていたかによってさらに複雑化する。宗教の歴史の批判的探求は、寛容に賛成する、あるいは教会の国家への従属に賛成する議論とともに、十七世紀中にすべて見出される。この継続性を認める一つの方法は、これまでのところ、十七世紀末と十八世紀初頭を架橋する「初期啓蒙」の観点から考察するというものであった。以下の行論において、この方法的示唆を私は採用するが、同時に留保を付ける。確かに、そうした関心は一七〇〇年ごろに強まった。しかし、啓蒙の「ラディカル」な部分と「宗教的」な部分の間に線引きをすることは、想像されている以上に困難である。啓蒙の宗教への関与は、探求と議論の既存路線、特に宗教への歴史的探求手法を採用した路線を糾合したものによって代表される。しかし、それらの路線はもはや、来世の観点から何が見込まれるにせよ、この世における生活の可能性を犠牲にすることを拒絶したうえで設定されていたのである。

啓蒙の宗教への関与は三つの部分に分かれ、それらは連続的に取り扱われる。第一の部分は宗教の本質についての歴史的探求であり、それは、ユダヤ教とキリスト教に固有の啓示的で神聖な歴史だけでなく、普遍的で「自然な」歴史を有する現象としても理解されるものである。第二の部分は、寛容に賛成する議論の展開である。そしてそれら二つを結びつけるのが第三の部分である。すなわち、神聖なものと世俗のものの関係についての考察であり、これもまたますます歴史的に探求されるようになった。

十七世紀における自然宗教と啓示宗教の探求

宗教の歴史と役割についての十七世紀の探求と啓蒙の探求の間の継続性を理解する鍵は、自然の次元と啓示の次元の区別である。あらゆるキリスト教徒が同意していたのは、彼らの宗教が啓示宗教であり、神の言葉である聖書に記録された啓示により、人類は、キリストの犠牲が、神の恩寵の作用により人類の救済の可能性を確保したと知りうるということである。ただしキリスト教徒は、神が人間たちに対して、彼が創り給うた自然秩序の中で生きるよう命じたことについても、同意していた。自然の秩序は、「自然法」として知られるそれ自体の行動規範を有していた。「自然法」は、モーゼがヘブライ人のために仲介し、キリストが全人類のために言明した啓示を認めるかどうかにかかわらず、全人類に適用されるものであった。自然法に従っても、救済が導かれる訳ではなかった。にもかかわらず、自然法は、人類の創造を理由に全人類が神に対して負っている義務なのである。

自然を啓示から分けることで導き出される結論は、法のみではなく宗教それ自体も人間にとって普遍的で「自然な」ものとみなされうるというものであった。すべての人間が自然法に従っていると想定されうるからこそ、すべての人間は、特定の啓示の恩恵をこうむるかどうかに関係なく、おのずと宗教の信仰を告白し、神を敬った。そのような観点から見れば、「自然宗教」は、神と世界との関係についての命題であると同時に、人間の宗教的実践の叙述でもあった。

前者の見立てでは、自然宗教は啓示と両立しうるものと想定されていた。すなわち、両者とも肯定するのは、世界とあらゆる生き物は神の「創造物」だということである。そして、一部の古代ギリシャ哲学者が主張したように、物質は常に存在するわけではないということである。さらに言えば、創造者である神という命題は十七世紀科学における諸発見によって掘り崩されるどころか、強化された。すなわち、人間の自然の理解がより広範で詳細になればなるほど、自然は神の原初設計の証拠をより多く提供した。この帰結に対するニュートンの発言は、多くなされた中で最も権威ある発言だったというにすぎない。スピノザのように、それに異議を唱え、物質の恒久性を信じていた人たちさえも、神と自然を同一視する形態でそれを述べた。スピノザの用語では、神と自然は、唯一の「実体」の二つの「様態」にすぎない。スピノザの唯物論は、キリスト教徒である自然哲学者の大多数に強く異を唱えるものであったにもかかわらず、彼を自然神学の主張者とすることを妨げるものではなかった。

後者の見立てにおいては、自然宗教は宗教的実践の叙述として、自然法を人間理性の表現として叙述するのと同様の仕方で、きわめて無難に説明された。しかし、自然宗教は人間の情念の表現としても同様に説明されることがあった。自然法の場合にもそうだったように、古代哲学と詩は、自然宗教的信仰の事例の豊富なレパートリーを提供した。多くの事例が、ローマの詩人ルクレティウスによって入念に磨き上げられた、宗教は未知の力に対する恐怖の産物であるというエピクロス主義の信念を例証した。自然宗教的信仰の、古代における別の現れには、偉大な男女を崇拝し、彼らの自然死の後、時には前でさえ、彼らを神格化する傾向が存在した。この現象は「エウヘメリズム」として知られている。

むろん、十戒の第一戒と第二戒において、あらゆる異説の宗教的実践は「偶像崇拝」であるとされ、キリスト教は長くそれらを悪魔のわざとして非難してきた。しかし、偶像崇拝を（悪魔的なものとしてよりもむしろ）自然宗教の顕現として説明することは、啓示を必然的に傷つけるわけでは決してなかった。自然宗教への増大する関心がキリスト教の真理の優越に対する確信を弱めたという考えは、非常に的外れである。反対に、異教徒の信仰や実践を「自然的」なものとして理解することにより、非ヨーロッパ世界へと向かうキリスト教徒の宣教師は改宗の一貫した戦略をずっと容易に考案できるようになった。他方で学者間では、あらゆる人間は自ずから宗教的であるという考えにより、宗教の比較研究への関心が高められた。その研究は、キリスト教（とおそらくユダヤ教とイスラム教）以外のあらゆる宗教を悪魔の手先であるとみなす限りにおいて、キリスト教徒には閉ざされてきた探求の一形式である。

カトリック教徒とプロテスタント教徒の双方にとって、自然という題目のもとでの道徳的・宗教的探求の範囲を拡大することが可能であるとすれば、啓示の問題がより決定的になるという点は特段驚くべきことではない。しかしここでも、十七世紀の終わり頃までに、歴史の転回が存在した。その頃までに、プロテスタントとカトリックは恩寵の理解および救済に対する人間の潜在的寄与の理解をめぐって、互いに立場が分かれているだけでなく、自身の間でも分裂していることが、明白となった。彼らは、それぞれの違いを明確にするために、初期の教会、特に教父に回帰したが、その際、歴史的アプローチが彼らの違いを一望の下に収めるものであることを学者たちが発見した。この展望は、ギリシャ・ローマや近東の古代哲学の歴史によりさらに促進された。そのような歴史は、魂の不死や三位一体のような、キリスト教のより複雑な教義の一部が、その形而上学的基礎を異教の源泉から借用したとする認識へと、導くものであった。特にソッツィーニ主義者のような一部の人たちは、キリストが神であることさえ疑うことにより、それらの研究から異端的結論を導き出した。しかし、その主要な結論は、教義の違いはキリスト教に周期的に生じる特徴であり、その歴史を通じてこそ最もうまくアプローチできることを示すものであった。

啓示の歴史的再評価は、同じくらい重要な理由で別の人たちにとって必要なものとなった。恩寵とそれに関連する教義の理解が断片化したのみならず、啓示の資料的根拠、すなわち聖書そのものが、その精神的拠り所から解き放たれもしたためであった。宗教改革以後、プロテスタントとカトリックの両方の側が聖書の整合性を主張していた。改革派が主張したのは、彼らの聖書翻訳により、信仰者が神の言葉に直接触れられるようになったということであった。これに応答して、トリエント公会議は、ヘブライ語の「旧約聖書」とギリシャ語の新約聖書を元にしたヒエロニムスのラテン語訳であるウルガタ聖書に、ローマ・カトリック教会の権威を付与した。しかしながら、十七世紀の後半になると、聖書学者たちは聖書原典の安定性と解釈にますます疑義を発するようになっていた。その過程は、十七世紀最後の二十年間に、二人のフランス人学者、すなわちカトリックのリシャール・シモン（一六三八〜一七一二年）と、プロテスタントでオランダに亡命したユグノーであるジャン・ルクレール（一六五七〜一七三六年）による聖書批判の主要作の出版により、頂点に達した。

問題はいくつかあった。権威ある『旧約聖書の批判的歴史』*Histoire critique du Vieux Testament*（一六七八、一六八四年）でシモンが述べたところによると、聖書の原典は存在しない。したがって、最初期のものとして知られるヘブライ語とギリシャ語の版の信頼性を確かめるための、また原典の変造が生じたあらゆる可能性を確かめるための、標準は存在しない。聖書の著者が誰であるか、それは聖書の表題から著者を推定できないがゆえに、第二の問題であった。特に、モーゼが五書すべてを書き得たということはまずありそうにない。聖書の記述言語については、いっそう複雑な問題がつきまとった。旧約聖書にはギリシャ語版とヘブライ語版が存在したのみならず、後代になってヘブライ語版に付け加えられた母音符号がもともとの意味を変えてしまっていたかもしれなかった。ルクレールの研究は特に、ヘブライ語の用法が時代により変化すること、そしてそれは、聖書の原典が異なる時代の資料の複合物であることを、示唆した。最後の困難は聖書の年代記に関わる。版ごとに世界の年齢の計算を異にしていただけではなかった。実際、創造からキリスト誕生までの年数は四千年弱から約七千年までさまざまに推定されていたが、それればかりか、聖書の諸々の年代記は、互いにつじつまが合わないことが明らかになったのである。

これらの知見の含意は、その潜在的可能性としては実に遠大なものであった。複数の版が存在する複合的なテキストとしての聖書は、一つの意味しか持たない神の言葉ではなかった。啓示は一貫した資料上の根拠を持たなかった。むしろ一定の幅のある結論を導き得たであろう。シモンは、カトリック教会が正統的と宣言しうる、聖書の新しい校訂版を産み出すことを望んだ。しかし、それは考えの甘さでしかなかった。一六八〇年代に、ローマ・カトリック教会当局は聖書研究の知見をことごとく拒絶することを決定し、シモンの著作は禁書目録一覧に掲載された。ルクレールは、フーゴー・グロティウス（一五八三～一六四五年）に倣って、聖書を歴史上の特定の宗教における一つの歴史的なテキストとみなした。すなわち、聖書の意味について議論することを継続し、それを独断的な既成事実として受け入れないことが、キリスト教徒の義務なのである。しかし彼もまた、正統派からの、つまり頭の固いカルヴァン主義者からの反対にあった。

聖書の歴史的特殊性は、ヘブライ人の隣人であり時折支配者でもあった、エジプト人、そしてカルデア人やアッシリア人のような古代近東の他の諸民族についての新しい研究によって補強された。それらの諸民族は、モーゼによる創造の物語が許容しうるよりも古い世界を示す、異なる年代記を有していた。しかし、それらの年代記は、古代ギリシャの諸著作に見出される年代記と並んで、聖書における年代記を理解する助けともなりえた。すなわち、一貫した歴史叙述を得るには、神聖な根拠と異教徒の根拠を組み合わせる必要があるであろうことは明らかであった。それらの知見の著者は、なかでもジョン・マーシャムやジョン・スペンサー、トマス・ハイドやトマス・スタンリーのようなイギリスの学者が著名であるが、それらの知見を聖書の土台を覆すものとはみなさなかった。それどころか彼らは、宗教の比較研究のための素材を提供したのみならず、聖書を、したがって啓示を、歴史的視野から理解する傾向を強化した。

これらの線での探求への関心は一七〇〇年前後に強化され、いくつかの場合には新しい批判の刃となった。しかしながら、「初期啓蒙」における宗教の批判者はそれぞれの主張において大きく異なっており、しかも、ラディカルな動機を持ち合わせていない前代の研究に、しばしば多くを負っていた。

聖書研究の知見の潜在的可能性を見出した最初の一人は、『神学政治論』*Tractatus theologico-politicus*（一六七〇年）のスピノザであった。聖書（スピノザにとっては主としてヘブライ語聖書を意味した）がモーゼや聖書にその名を冠した人たちによって書かれなかったということは、スピノザにとって明らかであった。そして聖書は、バビロン捕囚ののち、祭司エズラによって編纂されたものであるとした。それ自体として、聖書は、ある特定の民族すなわち古代ヘブライ人についての歴史叙述として、そしてまた、古代ヘブライ人が自分たちで組み立てた法についての歴史叙述として読まれるべきものであった。しかしながら、古代ヘブライ人の叙述を神の言葉とみなすことにより、ヘブライ人は聖書を敬神と服従の教えの手引き、言い換えれば、社交的暮らしの前提条件である正義と隣人愛の教えの手引きとした。聖書は神についての真の知識を与えうるものではない。そうした知識は、自然の哲学的理解を通じてのみ得ることができる。

聖書の重要性はむしろ、まさに神聖な歴史としてあることにあった。ユダヤ教徒とキリスト教徒にとって、聖書は、あの世ではなくこの世における、社会の道徳的・政治的基礎を理解するための歴史的な鍵であった。

宗教の理解のための新しいアプローチを別様に用いたのは、ピエール・ベール（一六四七〜一七〇六年）であった。彼は、ジャン・ルクレールと同様に、オランダ連合州のユグノー亡命者であった。最初の主要な著作である『彗星雑考』*Pensées diverses sur le Comète*（一六八二年）において、ベールは偶像崇拝の問題を取り上げた。彗星は凶事の兆しであるという人口に膾炙した見解は、一六八〇年の彗星への人々の反応として再び露わになったが、それは偶像崇拝がいまだ蔓延していることを示唆するものであった。偶像崇拝は真の神を喜ばし得ないと理解することにより、ベールは無神論が本当に最悪のものなのかを問うた。結局、自分で告白した原理にしたがって生活を送る人は、いるとしてもほとんどおらず、堕落した人間は情念にしたがって生きている。それらの情念は利己的なものであるので、社会の中でのみ満たされうる。無神論者は、したがって、少なくとも偶像崇拝者と同等程度に社交的である。彼らの間の唯一の違いは、無神論者が偽りの神を信仰しておらず、おおっぴらに情念によって生きているということにある。

ベールは、一度にいくつかのことに役立つ議論に長けていた。表向きには、「無神論者」の仮説は真のキリスト教徒にはまるで関わりがなかった。しかし、信仰告白を異にするキリスト教徒同士は、他の見解を持つ人を「偶像崇拝者」として繰り返し非難していた（この点は、一カトリック教徒をよそおって匿名でベールが書いたさい強調したことである）。他方、今まで見てきたように、改宗が待たれるすべての非キリスト教徒の諸民族は、本性的に偶像崇拝者であった。したがって、一定の根拠をもって、ベールによる無神論者と偶像崇拝者の同一視は、啓示宗教と同様に自然宗教の基礎を問うものとして、したがって、人間社会における宗教の必要性を問うものとして受け取られた。それはスピノザさえ採用していない歩みであった。

異なる種類のラディカルだったのがジョン・トーランド（一六七〇～一七二二年）であった。彼は、アイルランド出身の知的冒険者で、共和主義者で、ハノーファー選帝侯妃（イングランド王ジョージ一世の母）の友人であり、ゴーストライターであり、自由思想家であった。トーランドは、政治や思想に関するすべての事柄について、とりわけ彼の無信仰について、折衷主義を都合よく用いた。状況に合わせて、彼は聖書や教父や自然宗教についての新しい研究を選択的に流用して、唯物論的形而上学と組み合わせた。彼の第一作は『秘儀なきキリスト教』*Christianity not Mysterious*（一六九五～九六年）であり、この著作は反三位一体論的と受け取られたが、その中心的な主張は単に、キリスト教の「秘儀」は聖職者の嘘だというものであった。そして、聖書は、理性を有するすべての人の読み物として開放されるべきであった。

続く二十年間における数々の著作により、旧約聖書と新約聖書に関する上記の命題は例証された。彼の『ユダヤの起源』*Origines Judaicae*（一七〇九年）が論じることには、モーゼは宗教を政策手段として用いたのであり、モーゼの宗教理解はもともとはヘブライ人的というよりもエジプト人的なものであり、それには魂の不死についての教義は含まれていないというものであった。『アミュントール』*Amyntor*（一六九九年）や『ナザレのイエス』*Nazarenus*（一七一八年）のような著作において新約聖書に立ち返ったトーランドは、その聖典の不確実性を喧伝し、伝「バルナバの福音書」（部分的にキリストのイスラム的な見方を支持する）の真性さを故意に擁護した。これらはすべて正統派と非正統派神学者から等しく激烈な反応を引き起こした。そしてその反応がトーランドの議論を悪名高いものとした。トーランドは同様に、自然宗教を転覆させる名人でもあった。すなわち、彼の『ドルイド人についての批判的歴史標本』*A Specimen of a Critical History of the Druids*（一七二六年）は、ドルイド人の慣習を聖職者支配や迷信とみなし続ける一方で、ドルイド人を好意的にキリスト教聖職者と比較するものであった。

トーランドの営為は、アンソニー・コリンズやマシュー・ティンダル、ジョン・トレンチャードを含む自由思想家の集団により、ブリテン諸島内で補強された。コリンズは、自らの膨大な蔵書をトーランドや他の人が利用できるようにした。また『自由思想論』*Discourse of Free-thinking*（一七一三年）においては、自由意志や魂の不死に反対する唯物論的・必然論的基礎に基づいて議論した。トレンチャードの『迷信の博物誌』*Natural History of Superstition*（一七〇九年）は、宗教には啓示宗教と自然宗教の両方があるという考えを、聖職者支配への率直な攻撃に振り向けた。他方、ティンダルの『天地創造と同じくらい古いキリスト教』*Christianity as old as Creation*（一七三〇年）は、キリストのメッセージが人類の堕落以前にあった純粋な自然法の繰り返し以上のものではないと論じることにより、（神の）恩寵を自然に帰した。トーランドと彼の仲間の集団はかつて、神は信じるがキリストは信じない「理神論者」として特徴付けられた。だがより最近では、この特徴付けは歴史家の間では用いられなくなった。自然宗教と啓示宗教は相補的だったのであり、これらのラディカルな人々は両方に寄与する研究を用いていたことがより広く意識されたこととの反映である。

非宗教的な人々の、他の相互連関の輪は、十八世紀の最初の四十年間にヨーロッパ大陸において活発であった。その中心に存在したのは、既存の宗教を批判するすべてのこころみのなかでもっとも有名な『三人の詐欺師の考察』*Treatise of the Three Impostors* を責任編集した謎の多い一団であった。複数の著作を編んだこの著作は、『スピノザの人生と精神』*La vie et l'esprit de Spinosa*（一七一九年）としてフランス語で最初に出版され、一七二一年に『三人の詐欺師の考察』*Traité des trois imposteurs* として再刊された。最初の題名が明瞭に示唆するのは、この著作が、スピノザの伝記を、スピノザの没後に出版された『エチカ』*Ethica*（一六七七年）の部分訳とともに含むものだということである。それに、より古くからの直接的な非宗教の伝統的流れから汲み取られた、いくつかの他の非宗教的原典の抜粋が付け加えられていた。この流れの中では、モーゼとキリストとムハンマドは、それぞれの人民を騙した詐欺師とみなされていた。この折衷的な諸原典の混合物は、そろってオランダ在住のユグノー亡命者であり、歓喜の騎士団と呼ばれる秘密団体のメンバーでもある、ジャン・ルーセ・ド・ミッシーやジャン・エモン、シャルル・ルヴィエの創造物であった。彼らのイギリス人関係者の中にはトーランドやコリンズもいた。スピノザの哲学に興味を持ってはいたものの、『三人の詐欺師』の編者はその唯物論を単純化した。仮にこれがもっともラディカルな形の啓蒙であるとしても、それは厳密に言えばスピノザ主義ではなかった。

オランダからは、自由思想家および彼らに共感した出版者の集団が拡散した。彼らは『三人の詐欺師』のような亡命者の著作物のコピーや、あまりに危険すぎて出版できなかった他の非宗教的著作の原稿のコピーや翻訳を手渡ししていく用意があった。彼らのもっとも重要な目的地はフランスであって、そこでは、ブーランヴィリエ伯爵が、一七二二年の死まで、そのような文献の特に活発な共感者であり伝播者であった。ラディカルな自由思想家の別の集団はドイツに存在したし、ずっとわずかな程度ではあるがイタリアにも存在した。

彼らの重要性の評価は、彼らに同情的な歴史家の幾人かが想定してきたほど単純なものではない。亡命出版であり、その流通は秘密であったというまさにその理由で、彼らの著作が届く範囲は限られていた。彼らはまた、知的洗練の程度においても様々であり、したがって、宗教についてのオリジナルな主張への潜在的な貢献度合もまちまちであった。彼らの著作の一部のコピーを、ヴォルテールやディドロやドルバックは持っていたか、あるいは利用可能な状態にしていたが、そうしたフィロゾーフたちの議論は、前代の秘密文献に見出された議論を単純に反復したものには決してならなかった。

というのも、一六五〇年以降の学者と神学者が追求した、自然宗教と啓示宗教に対する広範な探求の帰結として、「ラディカルな」非宗教的啓蒙のみに焦点を当てることは誤解を招くものであるからである。その同じ探求の帰結には、彫刻家ベルナール・ピカールと、出版者ジャン・フレデリック・ベルナールによる、七巻本の『世界の宗教儀礼』*Religious Ceremonies of the World*（一七二三〜三七年）があった（図3）。その協力者はオランダにおけるフランス人のプロテスタント亡命者であり、彼らは、自然宗教と啓示宗教について蓄積されてきた研究上の知見を多くの人の目に触れさせる機会をそこに見出していた。続き物で、かつ重複する部分もあるそれらの諸巻において彼らが網羅したのは、ユダヤ教、ローマ・カトリック、アメリカやインド、アジア（中国と日本）やアフリカにおける宗教、ギリシャ正教、イギリス国教会と異端派を含むプロテスタント、そして最後にイスラム教であった。この著作は商業的に成功し、オランダ語とドイツ語、英語に翻訳された。しかし、この著作は、ラディカルな啓蒙に傾斜する歴史家さえ認めざるをえないように、宗教に敵対的ではなかった。

思想的にはるかに印象的なのは、二人のナポリ人、歴史家ピエトロ・ジャンノーネ（一六七六〜一七四八年）と、哲学者ジャンバッティスタ・ヴィーコ（一六八八〜一七四四年）（図4）によってなされた新しい研究の、対照的な利用法であった。ジャンノーネの『三王国』*Triregno*は、一七三一年から一七三三年まで著者がウィーンに亡命している間に書かれた。三王国とはそれ

図3　世界の主要な宗教。ベルナール・ピカールとジャン・フレデリック・ベルナールによる『世界の全民族の宗教儀礼と習慣』*Cérémonies et coutumes religieuses du tous les peuples du monde*（1723年）の扉絵である。研究書ではないが、この編集物は世界の宗教についての新たな好奇心を示すものであり、旅行家や宣教師によって収集された世界の宗教についての情報に読者がアクセスできるようにした。

ぞれ、旧約聖書におけるヘブライ人の地の王国、キリストの使命を通じて提示される天の王国、および、その提示が教会により落着させられた教皇の王国であり、それはキリストのあの世での目的に背くものであった。ジャンノーネのサヴォワでの拉致と投獄に続く、聖務聖省の役人による原稿の押収は、歴史家の間で、この著作が体制転覆の意図を有したとする評価を確立させた。しかしこの著作は、十七世紀中葉以降の、聖書や古代近東や初期教会についての学問上の理解の発展なしには、書くことなどできなかったはずのものであった。

対照的に、ヴィーコは『諸国民の本性についての新しい学』*Scienza Nuova* を出版することができた。その初版は一七二五年に出され、一七三〇年と一七四四年に再版された。一七四四年版が、この著作が一般に知られるようになるきっかけとなった。ヴィーコの「学」の新しさは、自然とは別個に、人間に特にその「学」を当てはめたことにあった。それは、地上の諸民族や「諸国民」の発展は神の摂理の規則的な働きを通じて起こり、したがって認識可能なパターンに従う、と主張する歴史哲学であった。しかし、その発展の最も初期の段階こそが、ヴィーコが最も興味のあるものであった。彼が論じるには、最も初期の人間の精神を理解する鍵は、彼らが普遍的な自然法に従っていたと想定することにではなく、彼らの詩と宗教的神話を研究することにあった。人間は理性以前に想像力を用いていた。よく知られているようにヴィーコは、ホメロスの詩は一人の著者の作品ではなく、古代ギリシャ民族の集合的記憶の表出であると論じた。これは、フランスの学者とヴィーコが共有しており、おそらくはフランス人に由来している洞察であるが、ヴィーコのみが、社会の歴史的発展を理解するための詩と神話の歴史的重要性という、より大きな議論の枠組みの中に、その洞察を据えたのだった。

ヴィーコは自らの新しい学を「神の摂理の合理的世俗神学」と呼び、個々の先駆者たちに対抗しながらそれを形作った。自然法は神の存在がなくとも得られるであろうというグロティウスの仮説に反対してヴィーコが主張したのは、人間が個々の国民の個別諸法の基礎に道徳的価値の「共通感覚」が存在することを認められるようにしたのは、神の摂理だということであった。同時に、神の「通常の力」（スコラ哲学のカテゴリー）の表現としての神の摂理という

図4　ジャンバッティスタ・ヴィーコ（1688～1744年）は、ナポリの哲学者であった。彼の『新しい学』（1725、1744年）は、18世紀における最も謎めいた著作の一つであったが、1800年までには、歴史哲学への傑出した想像力に富む貢献として認知されるにいたった。

ヴィーコの概念は、一元論的で完全に決定論的である「自然」というスピノザ主義の考えに反駁するものであった。とりわけ鋭い対立は、啓示が欠如している中での（それは古代ヘブライ人に限定されるが）社会の形成は、自然の力に対する恐怖から神の信仰を引き出す偶像崇拝なくしてはありえなかったと論じることにより、無神論者の社会というベールの仮説をヴィーコが拒絶したことにある。

自らの神学を「世俗」神学として特徴付けることにより、ヴィーコは自然と恩寵両方の領域から社会的なものを自律させる道を探し求めた。しかし、それはいまだに、神の摂理の働きは真理であり仮説ではないとする「神学」であった。特にデカルト主義やエピクロス主義のような「近代」哲学への彼の弾劾をふまえると、ヴィーコを啓蒙の擁護者として分類するのは難しい。しかし、時代と対立する思想家の作品であれば、グロティウスやスピノザやベールとの関わりがここまで複雑かつ豊富にはならなかった。ヴィーコは自らをカトリック正統派と宣言していたにもかかわらず、新しく、そして著しくオリジナルな方向で宗教の起源と慣習を歴史的に探求し続けた。

「啓蒙の聖書」

いずれにせよ一七四〇年を迎えるまでに、初期啓蒙を培った批判的研究はその先端性を失っ

ていたように思われる。聖書の年代推定や、モーゼ五書がモーゼの著作であるかどうかという
ような問題において、批判の側は説得力ある他の選択肢を提供し損なった。ヴィーコとジャンノーネは二人とも、天地創造からキリストの誕生までちょうど四千年であったと認めるウルガタ聖書の年代記の範囲内で、歴史を解釈し続けた。ジャンノーネは、シモンが提起した根拠に基づいて、モーゼ五書がモーゼの著作であることを認めさえした。いずれにせよ、十八世紀における研究の発展は、啓示された神の言葉としての聖書の地位を強化する傾向にあった。『創世記解釈』*Conjectures on Genesis*（一七五三年）において、ジャン・アストリュックは創世記が異なる多数の源泉に由来するという仮説を認めたが、モーゼがそれを執筆したことは否定しなかった。

ドイツにおいて、聖書研究はルター派の大学において地位を認められていた。十八世紀における最も偉大な聖書学者であるヨハン・ダーフィト・ミヒャエリス（一七一七〜九一年）は、原典の理解に役立てるために、前例のない量の言語的・民族誌的証拠を蓄積した。その一部は、一七六一年から一七六七年にかけてのエジプトとアラビアへの野心的な学者団の遠征に由来していたが、それはデンマークの宮廷が援助したものであり、その調査課題はミヒャエリスが形作ったものだった（しかしミヒャエリス自身は賢明にも参加しなかった。この遠征に参加した五人の学者のうち一人が生還したにすぎなかった）。ミヒャエリスにとっては、たとえ聖書の原典が損なわれていたとしても、そのような証拠が聖書の歴史的真実性を確証してくれた。

歴史的視野もまた、ドイツにおける指導的なユダヤ人学者で哲学者であるモーゼス・メンデルスゾーンによる聖書解釈を活気付けた。彼は、モーゼ五書（ヘブライ語版）のドイツ語新訳を『平和の道の書』*The Book of the Paths of Peace*（一七七九〜八三年）として著した。ヘブライ語原典への母音符号の付加が腐敗の始まりであったことを否定したメンデルスゾーンは、それらの符号が口語原典のもともとの意味を保存していると考えた。モーゼ五書の重要性は、まさにそれが、キリスト教の啓示によって付加された余分なものなどない、純粋な自然宗教に基いた国民宗教としてのユダヤ教の確立という歴史的事実を記録したということにあった。

かくして、十八世紀の終わりまでに、聖書の歴史的理解は確固としたものとなっていた。十七世紀の校訂版聖書は、近年の歴史家が「啓蒙の聖書」と名付けることとなったものである。しかし、わずかな例外があるものの、啓蒙の聖書は啓示を掘り崩そうとはしなかった点で先駆者たちに劣らなかった。

啓蒙の宗教史

啓蒙の聖書と並び、あるいはそれ以上に後期啓蒙を特徴付けるものとなったのは、宗教の比較研究への関心であった。そこでは、体制転覆的な含意の射程はより大きくなったが、あらゆる研究の前面にそれが突き出しているわけでは決してなかった。

ヴォルテール（一六九四〜一七七八年）は、『習俗と諸国民の精神についての試論』*Essai sur les moeurs et l'esprit des nations*（一七五六年）において、その道を先導した。この著作のねらいは『普遍史論』*Essay on Universal History*（一七八二年）という英語訳の題名の方がよりよく捉えている。それはボシュエ司教の『普遍史』*Universal History*（一六八一年）への応答として形作られたものだった。ヴォルテールはまず、伝統的なユダヤ教・キリスト教的な世界史の語り起こしを拒否した。代わりに、彼は自らの歴史を中国から始めたが、その中国の年代記は、聖書のヘブライ人よりもはるかに古い国民の存在を示しているのであった。そこから彼は西方へと戻るが、イスラエルとキリスト教のヨーロッパに至る前に、インドとイスラム教のアラビアに諸章が割かれていた。それぞれに主要な宗教、すなわち、儒教（事実上の宗教として扱われている）、ヒンドゥー教、イスラム教、ユダヤ教、キリスト教についての章が付されていた。ユダヤ教とキリスト教は、歴史的に言えば自らの子孫に当たるイスラム教の後に置かれていたが、このことがひたすら強調するのは、ユダヤ教とキリスト教の神聖な歴史の順序を破壊しようという、ヴォルテールの決意であった。

そうはいっても、宗教としての儒教とヒンドゥー教についてのヴォルテールの理解は、中国とインドを訪れたイエズス会宣教師の知見にかなり依拠していた。そうした知見には、彼ら宣教師の持つ自然宗教の概念、および東方の諸宗教は一神教であるという彼らの想定が、浸潤していた。しかし、ヴォルテールは、それらの諸宗教を文化的に異なるものとして取り扱うことで、イエズス会士という情報源とは一線を画した。それらの諸宗教はもはや、キリスト教への改宗とは多かれ少なかれ距離のあるものとしての、共通の、自然的偶像崇拝の現れなどではなかった。世界の偉大な一神教のそれぞれが、個々の歴史的環境の産物であった。

含意においてより体制転覆的なのはデイヴィッド・ヒュームであり、彼の『宗教の自然史』*Natural History of Religion*（一七五七年）は完全に歴史叙述から引き出されたものであった。ヒュームは単にユダヤ教・キリスト教の神聖な歴史に挑戦しただけではなく、一神教の優位性に挑戦した。「人間の思想の自然的進歩」にしたがうかぎり、多神教や偶像崇拝は人間の原始宗教であったに違いないと、ヒュームは推測した。それに続けて彼は、「一、二の国民の、それとて完全に純粋とはいえない有神論など、考慮に価する反対論を形成していない」として、名指しすることさえ躊躇せずに聖書のヘブライ人を一蹴した。

実際、そもそも多神教は「真に迷信的無神論の一種」であった。偶像崇拝と無神論を区別するのは余計なことであった。諸国民がそれぞれの守護神として、他の諸々の神ではなく一つの神を持ち上げたときにのみ、それら諸国民は一神教者となったのである。宗教の類型としてこれを考察すると、多神教は迷信を促進する一方で、一神教は「熱狂」や狂信に傾きがちである。熱狂することで、一神教者は多神教者に比べて特に寛容ではなくなり、彼らが自然に有しているのとは対立する道徳体系を取り入れる。ヒュームが強く示唆したのは、こうした点でキリスト教以上に悪しき一神教はないということである。キリスト教の信者は自己否定の道徳を通じて現世を越えて来世に昇ることを支持しており、そのような道徳は、現世において「有用で快適」と見なされる事柄とは本質的に対立していた。

この『宗教の自然史』を執筆した当時のヒュームはおそらく気づいていなかったものの、「自然史」という考えそれ自体が、ビュフォン伯爵（一七〇七〜八八年）による『自然史〔博物誌〕、総論および各論』*Histoire naturelle, générale et particulière* の最初の三巻が一七四九年に出版されたことにより、変容を被っていた。ビュフォンの大著は、ユダヤ教およびキリスト教の神聖な歴史や、より一般的な宗教史とは対照的な含意を有していた。神聖な歴史については、世界の自然史〔博物誌〕に関するビュフォンの理解から、聖書における天地創造以来の時間経過の計算のどれよりもはるかに長い期間が要求されることは明らかであった。ビュフォンは当初、聖書に反する意図を否定していたが、一七七八年、天地創造は七万五千年前から三百万年前までの間に生じたに違いないことを認めることになった。彼が主張したのは、自然の年代記は世俗の年代記ほど正確ではありえないため、両者は別でありえるし、遠い古代から現代までの人間の歴史を構成するものとして聖書を用い続けることは可能だということであった。しかしながら、世界の始まりと最初の人類を説明するものとしての神聖な歴史の一体性は、すでに失われていたのであった。

対照的に、〔一般的な〕宗教史については、世界の形成に際して自然の大変動が有した影響の広がりと重要性を強調することで、ビュフォン『自然史』は新たな出発点となった。唯一の、世界規模の大洪水は起こらなかった。しかし、諸々の災害が繰り返されるたびに、最初の人類は集団の再形成を求められたにちがいなかった。この洞察を展開した最初の一人はニコラ＝アントワーヌ・ブーランジェ（一七二二〜五九年）であり、それは彼の『明らかになった古代――古代の慣習により明らかになった古代、すなわち、地上の様々な民族の主要な宗教的・政治的見解と儀礼と制度の批判的調査』*L'Antiquité dévoilée-Antiquity unveiled by its Practices, or a Critical Examination of the Principal Religious and Political Opinions, Ceremonies and Institutions of the different peoples of the Earth*（一七六六年）においてであった。

ブーランジェの出発点は、ノアの大洪水はそれ以前に人間が存在していた痕跡をすべて消し去ってしまい、したがってそのときに歴史が始まったにちがいないというものであるが、それ自体は独創的ではなかった。十六世紀以来、人文主義の歴史学者がその点を指摘していた。しかし、ブーランジェがそのとき特に焦点を当てたのは、そうした象徴的な大変動に応答して人間が発展させた多様な宗教的慣習であった。なかでも、記念したり、葬送したり、礼拝したりする儀式や、神秘的集団や、礼拝の循環的形態の数々を彼は見出し、その各々に、既知の世界の諸宗教の全体から引用した詳細な叙述的説明を付した。それらの慣習が偶像崇拝かどうかはもはや問題ではなかった。代わりにブーランジェが論じたのは、哲学者や形而上学者や法学者の合理的推定よりもはるかに良質な人間本性についての洞察を、宗教的伝統の研究があたえてくれるということであった。ここに、「社会における人間史」の真の始まりがある。

ブーランジェの著作は、彼の死後に、友人であるドルバック男爵（一七二三〜八九年）により出版された。ドルバックは（内輪では）無神論者であると告白しており、スピノザと同様、宗教史への関心を唯物論哲学と組み合わせ、『自然の体系』*Système de la Nature*（一七七〇年）を著した。しかし、ドルバックの唯物論は、感覚経験に基礎を置く点でスピノザの体系とは異なっていた。それはダランベールが『百科全書』の「序論」において支持した哲学に依拠していたのである。かくして、ドルバックの無神論は、知りうるものと知りえないものの境界によって制約されていた。それを確かめるのが歴史的探求であった。ドルバックにとって（スピノザにとっても確かにそうであったが）、歴史は宗教を理解するのに必要な枠組みを提供するものであった。

この線での探求は、ブーランジェのアプローチを古代の宗教的慣習へと拡張し、詩や神話を根拠として取り入れることで頂点に達した。古代の宗教的慣習が最初の人間の精神世界を知る上での鍵であるという点は、むろんヴィーコの偉大な洞察であった。しかし、『新しい学』とその著者は、十八世紀の後期に至ってようやく、ドイツ啓蒙の最も偉大な歴史哲学者であるJ・G・ヘルダー（一七四四〜一八〇三年）と、後期ナポリ啓蒙の指導的人物であるフランチェスコ・マリオ・パガーノ（一七四八〜九九年）の手で、その洞察が取り上げられるまで、ナポリの外では無名のままであった。

ヘルダーがヴィーコを取り上げたのは、『ヘブライ人の詩の精神』*On the Spirit of Hebrew Poetry*

(一七八二年)において、聖書の詩の研究を拡張した際であった。聖書の詩の形式は、長く学者の論争の的となっていた。少し前にイギリス人学者ロバート・ロース(一七一〇~八七年)が、聖書の詩の形式は韻律や押韻であるというよりも「並行法」を示していると主張したことにより、その論争はいっそう高度になった。しかしヘルダーにとって、ヘブライ語の詩の重要性は技術的問題を超えていた。それは最初期の国民文学の一つであり、それ自体がヘブライ民族を理解する鍵であった。

ブーランジェ同様、パガーノは、より広い範囲に網を掛けた。『政治論集』*Saggi politici*(一七八三~八五年、一七九一~九二年)は、その気取らない題名にもかかわらず、人間史の全過程を哲学的に説明するものであったが、最初期における社会の形成にとりわけ注目しつつ、最初期の宗教と神話を通じてそれを理解した。ビュフォンやブーランジェ、およびヒュームやロバートソンやファーガソンのようなスコットランドの歴史家たちとともにヴィーコを繰り返し引用したパガーノが成し遂げたのは、実際、啓蒙期のヴィーコとなることであった。ヴィーコ以後はパガーノこそが、社会の歴史の理解のための宗教史の潜在的可能性を最も十全に理解していた。彼は、その可能性を、本書第三章で啓蒙思想の中心的で決定的な関心として論じることになるもの、すなわち「社会の進歩」と結びつけた。

国内平和の名のもとでの寛容の擁護論

宗教への啓蒙の関わりの第二の要素は、寛容を擁護することへの貢献である。宗派の違いへの応答としての寛容の観念は、啓蒙の時代のはるか以前からあった。宗教改革によって解き放たれた宗教的暴力に対する世俗当局の実践的応答として、ヨーロッパでは啓蒙の時代より二百年も前に初めて出現したのである。確かに、初期近代のヨーロッパの支配者は、宗教的な統一を被支配民に強制しようとし、自らの信仰上の義務を他者にも強要するために戦争を行う用意さえ十分だった。しかし、支配者が信仰の統一を強要できずに共同体が分断されている場合には、結果として、信仰の統一よりもはるかに価値のあるもの、すなわち世俗の平和の維持を危険にさらしてしまうかもしれなかった。

そのような対立が生じさせる損害の事例としては、フランスの宗教戦争があった。それは一五六〇年ごろ、プロテスタント教徒数の急増がカトリック側からの残忍な反応を引き起こしたときに始まった。殺戮の十年は、一五七二年のパリで起きた、サン・バルテルミの恐るべき虐殺で頂点に達した。犠牲者は身体を引き裂かれ、野ざらしになったプロテスタントの屍体は切り刻まれた。

対立が長引くにつれ、穏健派のプロテスタント教徒とポリティーク派のカトリック教徒の双方が、ユグノー少数派への「寛容」を多少とも認めることで紛争当事者間の和解を取りなすよう、君主に求めた。和解は、プロテスタントのナヴァール公アンリが王位に就き、彼がさらにカトリックに改宗することで、ついに実現した。その際、彼はナントの勅令（一五九八年）を発令し、以前の宗教的同胞たちに身の安全を保障した。しかし、この勅令は、世俗の、あるいは宗教上の根拠に基づく寛容の一般原理を確立するところからは程遠かった。その原則は、あくまでも世俗の平和を維持するのに必要である限りにおける、特定の信仰同士の相違の調和であった。百年弱後の一六八五年にルイ十四世が勅令を「廃止」したことが思い起こさせるのは、世俗の平和を強要するための、自らの権力に自信を抱いたとたん、支配者は信仰統一政策に立ち戻り、意見を異にする少数派を迫害するかもしれないということである。

寛容のポリティーク派的、あるいは政治的擁護の限界は、十七世紀の最も偉大な政治哲学者、トマス・ホッブズ（一五八八〜一六七九年）により探求された。『市民論』（一六四二年）と『リヴァイアサン』（一六五一年）の両方においてホッブズが論じたのは、いかなる社会の維持も、平和を乱すかもしれない事柄のすべてについての意見の公式表明を決定する権威を伴う、単一の、制限のない主権権力を必要とするということであった。宗教は明白にその事柄の一つに含まれており、ホッブズは、平和へのあらゆる脅威のなかでも最大のものの現れとして聖職者を眺めていた。ホッブズは、神聖な歴史に言及することで、自らの基本主張を補強した。彼の解釈では、神聖史とは、第一にユダヤ人の宗教、続いてキリスト教が、神の命により、世俗権力の権威のもとで制度化されたことを示すものであった。特にキリスト教徒には、自然宗教であろうと啓示宗教であろうと、宗教（あるいは他のいかなるものであれ）的見解に関わる問題について主権者の判断に挑戦する十分な理由はなかった。一六四九年以後のイングランドで共和制政権が実際に行ったようなかたちで、多様な礼拝様式を許容するために主権者の権威を使用できるというふうに、ホッブズは考えていたのかどうかが、現在、学者の間で議論されている。ちなみにこの立場は、『リヴァイアサン』の一節が明瞭に裏書きする。しかし、ホッブズが最優先した原理はあくまで、世俗の平和の利益のために、共通の礼拝形式を決定する主権にこそあった。

同一のテーマをより巧妙に扱ったものには、一六七〇年のスピノザ『神学・政治論』*Theologico-Political Treatise* がある。異端派のキリスト教徒の友人たちがオランダのカルヴァン主義者に迫害されたことへの直接の応答として書かれたこの著作は、「哲学する自由」が敬神や国家の安定にとっての危険を引き起こしなどしないことを立証するものとなっていた。我々が検討してきたように、スピノザはユダヤ教の役割がキリスト教の役割と同じく敬神と服従という社交上の条件を促すものであることを論じ、ヘブライ人の聖職者は世俗の権力を犠牲にして権威をふるったわけではないと主張した。この主張は彼の形而上学により強化された。神は自然と同一であるので、自然の調査が自由であればあるほど、そして十分であればあるほど、個人は神に近づいていく。哲学する自由 libertas philosophandi がなければならないという考えそれ自体は新しいものではなく、宗教的寛容と同一でもなかったが、スピノザの手にかかると、それは社会の平和と両立する、思考し、知性を探求し、神を知る、可能な限り完全な自由の擁護論に変貌した。

ホッブズとスピノザの議論は、宗教戦争の記憶に支配された時期の論争の頂点に位置するが、その時ほとんどのキリスト教徒は、自分たち自身の教会こそが唯一の真なる教義を説いていると信じ続けていた。こうして見てみると、寛容とは、対立する宗教的諸信念の同時発生的表明を許容しながら、明白な対立を阻止するためにそれらの信念を十分に切り離したままにしておくことにこそ、世俗の平和は依拠しているはずだと認識することに他ならなかった。

プロテスタントによる寛容の擁護論

十七世紀の末頃には、一六八五年のナントの勅令の廃止を受けて、この論争に新たな文脈が生じた。オランダ連合州に逃れていたユグノー亡命者 réfuge の知的リーダーシップにより、フランス国王に抵抗するためのヨーロッパ諸権力の糾合が模索された。しかし彼らユグノーがそうしたのは、大部分、宗教戦争を新たに始めるためのいかなる呼びかけも意図的に避け、その代わりに宗教的寛容の擁護論を提供するためであった。

特に二つの原典がこれを証拠立てる。その一つは、ジョン・ロック（一六三二〜一七〇四年）の手で一六八五年以降に執筆され、一六八九年にラテン語と英語で出版された『寛容についての書簡』*Letter on Toleration* であった。ロックが初めて寛容について論じたのは一六六〇年代の論考においてだったが、その時は、平和の名のもとに信仰統一を強要する主権者の権力を認めるホッブズ的結論に達していた。チャールズ二世の反対者と交際したことで一六八〇年代にオランダ亡命を強いられると、ロックは、新しい、はるかに複雑な立場に置かれている自分を見出した。イングランドではジェイムズ二世が寛容政策に着手していたが、その目的は、プロテスタントの非国教徒とともにローマ・カトリック教徒に対して寛容を認めることであり、イングランド国教会をさらに揺るがせることであった。オランダにおけるロックはユグノー亡命者中に親密な友人が持ったが、彼らは逆に、より厳格なカルヴァン主義者からの圧力を受け続けていたオランダのレモンストラント派（グロティウスの後継者たち）と結びついていた。

そのような複雑な状況に直面したロックは、自然法のもとにあるすべての人は自らと他人を守る義務があり、この義務は、この世で平和を維持する支配権を持つ世俗の権威を合意によって設立することを要求する、ということを、世俗秩序の条件として主張し続けた。だが自然法はまたすべての人に、世俗の権威が何ら合法的支配権を持たないような、彼らが自らで選んだ宗教共同体内で神に礼拝することを義務付けてもいる。したがって、個々のキリスト教徒には、救済へと導いてくれると自分が信じる方法で礼拝する義務と権利があったのである。

これは、あらゆる既成教会に対抗する、多元的共生の擁護論であった。ただしそれはプロテスタントに限られた議論でもあった。ロックの悪名高い添え書きは、ローマ・カトリック教徒も無神論者も寛容の対象であるべきではない、なぜならカトリックは出身国のみならず外国の主権者の臣民でもあるからであり、無神論者は約束事を保証する高次の存在を持たないからであるとした。もっとも、彼の議論にはプロテスタント主義が色濃く、それは個々のキリスト教徒が神の前で自分自身に対して責任を有すると仮定していた。ローマ・カトリック教徒の視点からすると、これは個人に過大な負荷をかけており（かけ続けており）、神と彼または彼女の仲立ちをするのは教会でなければならなかった。こうした、いまも続く評価のせいで、ロック『寛容についての書簡』は普遍的基礎の上に立つ寛容論を打ち立てられなかった。その根底にあったのは、神により鼓舞され、プロテスタントの観点から解釈された自然法であった。

ピエール・ベールは、ロックのそれを上回る自らの生命への脅威のもとで、亡命をしていた。というのも、ベールはカトリックに改宗したのちにそれを撤回したからであった。ベールの兄はプロテスタント信仰に殉じている。しかしながら、ベールは、亡命ユグノーのリーダーであるピエール・ジュリューによる抵抗の呼びかけを支持することを拒絶した。その代わりに、ベールは、寛容こそが宗教的違いへの唯一のキリスト教的反応であり、強力な国家こそがそうした寛容の前提であると論じた。しかし、信仰を同じくすることを強制するために国家が力を使うべきだとはどこにも書いていないのである。

ベールは『哲学的註解』*Commentaire philosophique*（一六八六～八八年）において、「人々をむりやりにひっぱってきなさい」（ルカによる福音書一四：二三）というキリストの命令に対する一連の長大な考察のかたちで、上記の主張を構築した。不同意の人を改宗させようと努める中で力を使用することは、応報としての力の使用を促すだけである。あらゆる宗教の中でも、キリスト教の教義は暴力とは最も両立しがたいものであり、暴力の行使によって最も打撃を受けるのはキリスト教である。ローマ・カトリック教徒のみならず同胞のプロテスタント教徒にも反対してベールが主張したのは、キリスト教は個人の良心の自由に依拠していることであった。すべての個人の理性あるいは良心の「自然の光」こそが、判断の基準である。強固に抱かれている信仰はおしなべて尊重されるべきである。

寛容と良心の自由を擁護するベールの議論の底流をなしているのは、意見が人類の行動を決定する程度に対しての、彼の深い懐疑である。人々の信仰ではなく情念が男女を社交的にするとしたら、特定の宗教的意見の束を人々に強要するいかなる試みも、人々の情念の作用をゆがめ、社会平和にとって破滅的な帰結を伴う。ベールの懐疑主義はまた、いかなる意見も他の意見よりも必然的に優れているということはないと主張する。キリストによる（それを受け入れた人にとっての）啓示を除くと、哲学にせよ宗教にせよ、真理の普遍的基準は存在しない。これはロックの議論ではないが、これもまたプロテスタント主義の論理には従っており、信仰という重荷を個人に背負わせた上で、個人は社会の平和を危険にさらさない範囲で自らの信仰の中身を決定せねばならないと説いた。

ヴォルテールから人権宣言に至るまでの寛容

寛容の擁護に向けられた、啓蒙に特徴的な寄与が磨き上げられたのは、おそらく信仰上の分断を乗り越える中でのことであった。重要で、かつ非常に公共的な介入を行ったのが、ヴォルテール『寛容論』*Traité sur la tolérance*（一七六三年）であった。その背景をなす文脈は、ユグノーの商人ジャン・カラスが自分の息子を殺したとして一七六二年にトゥールーズの高等法院で死刑を宣告された、悪名高い裁判である（図5）。この裁判は、フランス国内におけるユグノーの立場のやむことなき不安定さを反映していた。事実上の寛容が広まっている情況下でさえ、ユグノーはパニックや、この事件を典型とするような当局に対する民衆の圧力に対して脆弱なままであった。しかしながら、ヴォルテールの反応は、「邪なユグノー」として彼が叙述したばかりの者たちへの、特段の共感に基づくものではなかった。彼は神学を前提とせずに、自らの主張を行った。

『寛容論』は故意に体系的でなくしてあり、その調子は嘲笑的である。ヴォルテールが述べるには、宗教改革以来、フランス社会の平和をもっとも乱してきたのは、宗教的熱狂者であった。カトリックに迫害されて、ユグノーは暴力でもって抵抗した。寛容が彼らの身に迫害と同様のことを引き起こすことは可能性としてはあり得るが、ほとんど実際にはありえない。さら

図5　絞首台のジャン・カラス（1762年）。この版画は、手足が車輪により引き裂かれる前にカラスが慰めを受け、その後、絞首刑となる様を描いている。ヴォルテールはカラスのこの取り扱いを、宗教的不寛容による恐怖の象徴とみなした。

に、状況は変化した。統治はより強力になり、社会はより穏健になった。習俗は穏和になり、哲学は迷信の力を奪った。現在は理性の時代であり、理性は、「啓蒙へのゆっくりではあるが誤りのない道」であった。要するに、カラス事件で裁判官が示した非常に残忍なこの種の不寛容は、単に時代錯誤であり、以前の時代への先祖返りであった。

ヴォルテールは、古代人（ギリシャ人、ローマ人、ヘブライ人、さらにキリスト自身）はキリスト教徒よりもはるかに寛容であったことを示す厳選した歴史的事例により、自らの議論を支えた。しかし、主要な点は、寛容は個人の良心の問題ではなく習俗の問題だということであった。文明は、宗教的な違いへの寛容により特徴付けられ、またそれに依拠してもいる。彼の議論は歴史的ではあるが、神学的ではなく、厳密には哲学的でさえなかった。社会がより文明化するにつれて、社会の成員は、古代ギリシャ・ローマ人の行動や実際のキリストの教えを理解することにより、お互いをより敬意をもって取り扱うことを学んだ。啓蒙のこの過程は継続が許されるべきであり、その宗教的偏見が社会の平和を脅かしている時代遅れの裁判官の手ではねつけられるようなことがあってはならない。

啓蒙の歴史的過程へのこうした信頼は、その後あまりにしばしば裏切られたために、寛容の十分な擁護論として確立しえなかった。ロックやベールの著作と比べると、ヴォルテール『寛容論』は浅はかなものに見えるかもしれない。しかし、我々が検討してきたように、ロックやベールのものは寛容のプロテスタント的擁護論であり、非キリスト教徒はさておくとしても、神学的根拠に立ってカトリックを受け入れることなど、まずありそうもなかった。対して、神学はわきに置くべきであり、「社会の物質的・道徳的福利」以上のものは考慮すべきではないとするヴォルテールの認識は、習俗の行き届いた社会は狂信を嘲笑するはずだとする彼の確信と相まって、現世に限った啓蒙擁護論を生み落としたのだった。

さらなる議論が、十八世紀の最後の四半世紀に出現した。その時までに、ヨーロッパの最強の支配者たち、とりわけプロイセン王やオーストリアの君主にして皇帝は、経済的根拠に基づいて寛容の措置を実行するよう説得されていた。国家の利害がいまだ最高権威を有してはいたものの、信仰の統一の強要が社会秩序にとって不可欠だという信念は、すでに存在しなかった。

ベルリンにおいては、モーゼス・メンデルスゾーンが『エルサレム』*Jerusalem*（一七八三年）において国王の自由主義政策の持つ利点を説き、寛容は、個人の良心の自由に基づき、ユダヤ人の宗教儀礼にも拡張されるべきであるとした。のちにはこれに続けて、ユダヤ人は、強制力を持たず、したがって国家にとって何ら脅威とはならない自発的結社を形成することを認められるべきだと、付け加えた。遅れて、フランスの君主さえもがナントの勅令の廃止が誤りであることを認め、一七八七年に寛容令を発し、まだ公的礼拝権ではなかったにせよ、プロテスタント教徒に市民権を認めた。

イギリス領アメリカ植民地における反乱を受けて、より積極的な鼓舞がなされた。すなわち、世俗の権力から独立した宗教的自由の名のもとに英国国教会体制が否認され、植民者の立場を正当化する普遍的権利の言辞が採用された。この事例がイングランドの非国教徒に、ひと昔前のロックの寛容擁護論には限界があることをすぐさま認めさせ、ローマ・カトリック教徒に対してまで、自らの選択した宗教的共同体で礼拝する自然権を拡張適用させたのである。それはカトリックが国家にとっての脅威であるとの（ブリテン本土における）恐れの減少を反映していたものの、寛容思想を一般化し、あるいは少なくとも脱宗教化することに寄与した。

フランス革命の勃発に際して一七八九年八月に公表された人と市民の権利の宣言もまた同様のことを示唆していた。それからまもなくして国民議会は、この宣言が信仰の普遍的自由を含意することを理解し、この年の終わりまでにはプロテスタントへの、二年後にはユダヤ人への政治的権利を認めた。人権に基づく議論は、ごくわずかの明白な前提から構築された。アメリカ独立宣言の言葉では、それらの前提の真理は「自明」であった。しかし、すべての男性（と女性）は平等で普遍的な権利を有するという思想は、いったん受け入れられると、かなり急速に寛容および宗教的自由へと導いた。この思想は、宗教的寛容論の中でも、最も浅薄であると同時に最も人を魅了するものの一つであり、それがはっきり出現した場は、アメリカ・フランス両革命の幕を切って落とした二つの宣言にまで、さかのぼることができるだろう。

聖なるものと俗なるもの

宗教の歴史的理解への、そして寛容の擁護論への啓蒙の貢献が証立てるのは、啓蒙が宗教と単に敵対的ということは決してなかったということである。反対に、聖職者権力へのより直接的な挑戦は、世俗的なものと神聖なものの間の政治的関係に向けられた、十八世紀的考察のうちに横たわっていたように思われる。しかしながら、ここでも、問題はすでに長い歴史を有していた。紀元三一二年のコンスタンティヌス帝のキリスト教改宗に続き、ローマ帝国が第一宗教としてキリスト教を認めてからというもの、この問題はキリスト教思想家たちの主要関心事であり続けてきた。初期のキリスト教思想や中世の思想が、聖俗のつながりの承認と、地上を天上から区別しようとする衝動のあいだで揺れ動いていたとするならば、宗教改革は、世俗権力の支えがやはりプロテスタント教徒にとってもローマ・カトリック教徒にとっても不可欠であることを確実にしたのである。その見返りに、支配者は、教会に世俗権威を侵害させないための、それまでにない議論を展開した。

プロテスタントの側では、十六世紀スイスの聖職者トマス・エラストスがその名をエラスト ス主義という思潮に冠せられている。エラストス主義とは、聖職にまつわる強制的権威は世俗の為政者のみに存すると理解するものである。イングランド国教会においては、多数の人が独特に解されたこの思潮を信じていた。ホッブズはこれにいっそうラディカルな表現を与えただけであったほど、その意味するところは明快であった。これに比べれば受け身であるにせよ、対応する思潮はローマ・カトリック世界にも「ガリカニスム」の形態で観られた。「ガリカニスム」は、フランス君主が教皇の権威に対峙することを望むときに訴えたものであった。より一般的には、カトリック諸国家は、世俗の法廷と課税からの自律という聖職者の言い草に対して「司法管轄権」を擁護する場合には、ローマ法学者に頼っていた。

寛容に関して、十七世紀後半には、これらの議論が再述され発展される新たな文脈が生じた。いずれの側でも、世俗の権威は、内戦にせよ国際戦争にせよ宗教戦争への回帰を避けるように促された。恩寵の要求が社会の平和を危険にさらしたり、為政者がその平和を確保するための権威が聖職者による挑戦を受けたりといったことは、繰り返されるべきではなかった。

この態度の一つの現れは、ヨーロッパ諸国家の「市民（世俗）civil」史の著作への新たな関心であった。その著作の例としては、ピエール・ジャンノーネ『ナポリ王国市民史』*Storia civile del regno di Napoli*（一七二三年）が挙げられる。『三王国』*Triregno* とは異なり、この著作は出版に成功した（図6）。ナポリ王国の国制をその法制史を通じて再構成することにより、ジャンノーネは教皇がナポリの上級領主であるとの主張に反駁し、国王の支配権からの自律を獲得するために聖職者組織がたびたび試みてきた事柄を暴露した。教会の反発から、ジャンノーネは流浪と投獄を余儀なくされたが、この歴史書の英訳と仏訳は評価を獲得し、彼の著作を、のちの啓蒙歴史家にとってのモデルにした。

ジャンノーネの崇拝者の一人であるエドワード・ギボン（一七三七〜九四年）は、『ローマ帝国衰亡史』*Decline and Fall of the Roman Empire*（一七七六〜八八年）（図7）において、神聖なものと世俗のものの関係という問題の根源に立ち返った。ギボンは、コンスタンティヌス帝の改宗から、ローマ帝国史におけるキリスト教の役割の説明を開始する。しかし、彼はその叙述の前に、第一巻の最後の二章でキリスト教の興隆の原因を説明するとともに、キリスト教徒がコンスタンティヌス帝以前の諸皇帝のもとでこうむった迫害を点検した。

悪名高いように、そのうちの最初の一章（第十五章）を、キリスト教の成長の「二次的原因」に専心し、「教義それ自体が説得的であるという根拠や、その偉大なる著者の支配的摂理」をわきに置く、と述べることから彼は始めている。その結果、ギボンの意図がどうであれ、それらの章はキリスト教への攻撃として読まれた。つまり、キリスト教がユダヤ教から引き継いだものへの、不死の魂の教義への、聖職者の野心への、そして殉教者の数と動機の信頼性への攻撃として、である。習俗が穏和な英国国教徒からさえ示された反応の厳しさを前にして、ギボンは驚いたように思われる（彼の友人デイヴィッド・ヒュームほどではないにせよ）。そして第二巻で叙述を再開したとき、彼のアプローチは変わっていた。

三位一体説についての大論争をめぐって、第二十一章で彼が提示した説明は、皮肉として（時には非常に滑稽なものとして）受け取られることもあったが、教理への新たな敬意を示すものではあった。キリスト教徒にとって神聖な歴史であるところの、教会の歴史を書くためには、

図6　ピエトロ・ジャンノーネ（1677〜1748年）。『ナポリ王国市民史』の仏語訳（1742年）の扉絵。ジャンノーネは、ナポリの歴史家であり、教会の厳しい批判者であって、ついには投獄されるに至った。1723年にもともとイタリア語で出版された本著は、英語（1729年）と仏語に訳された。

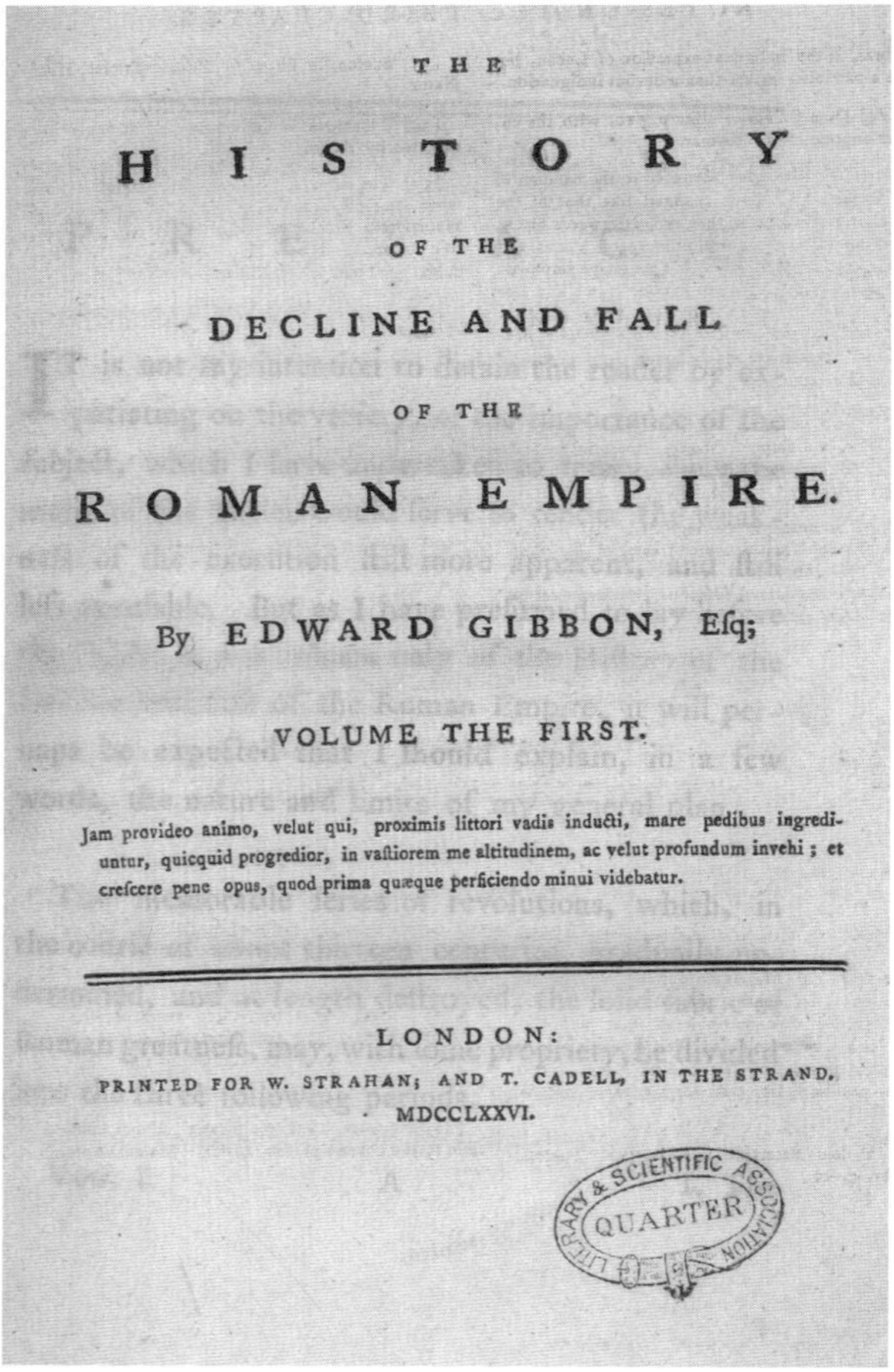

THE

HISTORY

OF THE

DECLINE AND FALL

OF THE

ROMAN EMPIRE.

By EDWARD GIBBON, Eſq;

VOLUME THE FIRST.

Jam provideo animo, velut qui, proximis littori vadis inducti, mare pedibus ingrediuntur, quicquid progredior, in vaſtiorem me altitudinem, ac velut profundum invehi ; et creſcere pene opus, quod prima quæque perficiendo minui videbatur.

LONDON:

PRINTED FOR W. STRAHAN; AND T. CADELL, IN THE STRAND.

MDCCLXXVI.

図７　エドワード・ギボン『ローマ帝国衰亡史』。W・ストラーンとT・カデルによりロンドンで出版された第１巻の表題である（1776年）。続く２つの巻は1781年に出版され、最後の３つの巻は1788年に出版された。

教会がそれ自体、神学的概念であることを認めねばならないということを、彼は自覚していたように思われる。言い換えれば、教会と帝国、神聖なものと世俗のものの間の関係をめぐる、純粋に世俗的な歴史を書くことは不可能であった。ギボンの野心はより大きなものに転化した。すなわち、聖俗両方を正当化する歴史を書こうとしたのである。

　しかし、ギボンは神聖なものとの関わりをキリスト教に限定しなかった。ローマ帝国の衰退を「野蛮と宗教の勝利」（ヴォルテールから借用した表現）として特徴付けたとき、イスラムとキリスト教両方が彼の念頭にあった。一七八八年に出版された『衰亡史』の第五十章で彼はイスラム教に転じた。キリスト教の歴史を著述する際と同じく、ギボンは、デンマーク人のアラビア遠征による発見を含む、ヨーロッパ最新鋭の研究成果を利用していた。以前と同様、彼はここでも皮肉を好んだし、戯れを意識した。預言者マホメットの男らしさがそれらしく受け止められている。しかし、ギボンはイスラムを、社会現象および宗教現象として真剣に受け止めた。イスラムはその起源において砂漠の宗教、集散地 entrepôt メッカとメディナの宗教、牧畜者、ベドウィンの民の宗教であり、アメリカや東アジアよりも啓蒙の歴史家にとっては馴染みの薄い環境にあるものとした。イスラムはまた特徴的な一神教であり、その強みは厳格な神の単一性の主張にあった。

　ギボンが述べるのは、マホメットは、若いころにメッカで出会ったユダヤ教やキリスト教から示唆を受けたかもしれないということであった。しかしマホメットは、神の観念から、三位一体のようなキリスト教の教義を可能とする形而上学的複雑さをはぎ取った。重要なこととして、マホメットはコーランを、その非一貫性ゆえに合理的説明や歴史的批評をものともしない聖なるテキストとして、構成した。そのようにして、高度な知識ゆえに世俗の権力に挑戦する宗教的・世俗的野心を持つ独立した聖職者階級の成長を、あらかじめ阻止したのであった。信仰と断食と喜捨という単純な教えにより、イスラムは、すべての人にとって接近可能であり、その教えに従った人に予定された永遠の快楽という展望を与える、単独の宗教的で道徳的な規約となった（言い換えれば、イスラムは道徳の自然法と神の恩寵による救済というキリスト教の区別をなしで済ませ、世俗と神聖の区別を省いた）。そのような単一神論は、「狂信」に向かう危険な特徴の多くを有していたし、マホメットが不信心者への征服にこの教えを振り向けたときは、特にそうであった。しかしイスラムはキリスト教のように不寛容な唯一神論ではなかった。というのも、ギボンが註記しているように、「寛容を支持するコーランの諸節は力強く、あまたに上る」からである。

キリスト教とイスラム教の信仰を、単に馬鹿げたものやペテンとして退けるのではなく、それと取り組むことを望む中で、ギボン『衰亡史』は啓蒙における宗教との関わりの最良のものを象徴している。確かに、啓蒙主義者とされる哲学者や歴史家は、聖職者の主張や不寛容や教義的な反啓蒙主義や、あるいは迷信や熱狂に敵対していた。ヒュームのような少数の人はさらに前進し、宗教的真理とされる主張の非一貫性を暴き、キリスト教の道徳的教えは社会生活に必要な価値に矛盾すると論じた。しかし、ギボンや他の多数の人が、宗教に対して、そして宗教の自然史・世俗史・啓示史に対して示した関心は、単に批判的というだけのものではなかった。彼らの関心は、宗教的教義と実践を、あるいは社会の平和や他人の信仰の自由を脅かすことなくこの世でそうした関心を追求できる条件を理解する上で、主要な貢献をした。このようにして、啓蒙思想家は世俗化のより長期の過程に貢献したのだともみなされうる。しかし、その貢献は、宗教一般やキリスト教（やイスラム教）を個別に攻撃することによるのではなく、この世での宗教に焦点を当てた、懐疑主義的で歴史的な探求によっているのである。

第三章　境遇の改善

アダム・スミス（一七二三〜九〇年）が、最初の著作『道徳感情論』*Theory of Moral Sentiments*（一七五九年）において提起した問いは、「境遇改善とわれわれが呼ぶ人生の大目的によって、意図する諸利益はなんであろうか」（Adam Smith, *The Theory of Moral Sentiments*, ed. by D. D. Raphael and A. L. Macfie, (Indianapolis: Liberty Fund), 1982, I. iii. 2. 1.（水田洋訳『道徳感情論（上）』岩波文庫、二〇〇三年、一二九頁。なお邦訳を一部改変））というものであった。

彼のその答えは、今では驚くべきものとして受け取ることのできるものであった。すなわち「観察されること、注目されること、同感と好意と明確な是認とをもって注目されることが、われわれがそれからひきだすことを意図しうる、利点のすべてである。安楽または喜びではなく虚栄が、われわれの関心をひくのである」（*Ibid.*, I. iii. 2. 1（同上書、一二九頁））。

スミスは、境遇改善に向けた人間の欲求について書いた最初の人というわけではない。一七二八年に、オランダ人哲学者バーナード・マンデヴィル（一六七〇〜一七三三年）は、『蜂の寓話』*Fable of the Bees* の第二巻において、人間の「境遇を改善する恒常的欲求」を社交性の原因とみなした。アダム・スミスと同様、マンデヴィルは、この欲求が物質的財に限定されるとは考えなかった。代わりに、自己保存に必要な財の探求へと導く「自己愛 self-love」と、他者と比較した場合の自己の境遇の改善に挑戦するよう駆り立てる「自己愛着 self-liking」を区別した。この点で、境遇改善は物質的財へのアクセスを必要とする。しかし、それに成功しているか否かの尺度は物質的財の所有それ自体というよりも地位の獲得にあり、それは、自己を他者によって尊敬される立場に置くものである。ただ、マンデヴィルもスミスも、境遇改善欲求を承認しようとしなかったどころか、むしろその反対であった。その境遇改善努力はしかし、社会の不平等を悪化させ、道徳的両義性なしには済まされないかもしれないことを、両者は自覚していたのである。

本章では、十八世紀の道徳哲学、歴史、経済学における人類の改善というテーマを探求する。啓蒙思想の最も偉大な独創性が見出されるのは、人類改善の動機と原因と見込みの徹底的な探求を行う、これらの分野においてである。その探求の中心にあるのは、社会の概念、すなわち、我々はなぜ社会的であるのか、またはなぜそうなったのか、そして社会は歴史においてどのように発展してきたのか、であった。

道徳的両義性がその探求には埋め込まれていたことも、あわせて考察するであろう。それ以上に見ておくべき点は何か。それは、啓蒙思想の最も固有の独創的貢献が、他者を犠牲にしてでも改善を追求しようとすることがもたらす道徳的・政治的諸帰結に対するジャン＝ジャック・ルソーの厳しい批判にあった、という点である。しかしそれにもかかわらず、批判への応答として、ともすると相反するそれらの諸帰結の存在を否定することなく、境遇改善は人類に大きな利益を提供したことが示された。すなわち、飢餓からの解放の見込みと、生活の「必需品と便宜品」の分け前の全社会階級への分配である。この応答は経済学の形式でなされたが、その最も偉大な提唱者は、『国富論』*Wealth of Nations*（一七七六年）の著者、アダム・スミスであった（図8）。

道徳哲学と社交性

十八世紀以前のヨーロッパにおける道徳哲学において流布していた言語は、自然法の言語である。十七世紀中葉までは、自然法の最良の提唱者は、トマス・アクィナスの遺産を再構築した「第二スコラ学派」のカトリック哲学者たちであった。その間、プロテスタントは、それとは異なる自らの神学的前提を自然法に適用し、他者の善を求める義務を明瞭に強調した。カトリック系スコラ学派の自然法が一六五〇年より後になぜ急速に衰退したのかは、いまだ不明である。しかし、神の代理行為と意志の自由問題への関心が、個人の行動に関わる特定の道徳的問題に導きの糸を与えようとする決疑論への関心の高まりを促したように思われる。

同時期に、プロテスタントの自然法は、主要な二人の介在により変化した。一人目はフー

図 8　後期スコットランド啓蒙のすべての主要人物を風刺したジョン・ケイ（1742-1826 年）による、「国富論の著者」アダム・スミス（1790 年）。

ゴー・グロティウスであり、彼の『戦争と平和の法』*De Jure Belli ac Pacis*（一六二五年）は、カトリックの法学者により発展させられた「権利」の概念を用いて、他者を敬うべしとする命令を契約による合意の結果として再構築した。二人目はホッブズであり、彼の『市民論』*De cive*は、人間は生来社交的であるというアリストテレスの主題をまず攻撃し、人間同士の平和は、自然権を取り下げ、絶対主権を容認することを通じてのみ達成されると結論付けた。ホッブズの議論によると、人間は情念に支配され、その結果としての自然的非社交性は、他者の善を積極的に探求すべきであるという主張を無意味にするものであった。その後の自然法思想家たちはこのホッブズによる挑戦に応答せねばならなかったのであり、彼らの多くは、社交性の義務の再構築を可能とする概念を求めてグロティウスに立ち返ったのである。

その最初の応答の一つであり、そうすることにより十八世紀も優に射程に収めたプロテスタント自然法学の論題を設定したのは、ドイツの哲学者ザムエル・プーフェンドルフ（一六三二～九四年）であった。プーフェンドルフの主著は『自然法と万民法』*De jure naturae et gentium*（一六七二年）であり、その梗概として彼が教育目的でこしらえた影響力ある手引きが、『人間と市民の義務』*De Officio hominis et civis*（一六七三年）であった。

プーフェンドルフにとって、自然法とは、神の命令により人間に対して相互に社交的であることを義務付けるものであった。しかし彼は、「情念の支配」というホッブズ的用語で人間の自然状態を特徴付ける、自然的非社交性というテーマを実質的に認めもした。この問題でのプーフェンドルフの解決策は、グロティウスやホッブズと異なり、人間が権威を受け入れる理論装置としての契約という考えに頼ることを後回しにした。代わりにプーフェンドルフが主張したのは、人間が政治状態 civitas に入る前に、中間段階の社交性 socialitas があるということであった。男女はともに、相互の必要あるいは「効用」から、疑念を持ちつつもこの中間段階に入った。人間は生来社交的なのではなく、時とともにそうなったのである。国家設立の合意以前に人は自然法に気がつくようになった、とすることで、社交性の問題は歴史の中で解決された。

　プーフェンドルフの自然法概念はクリスティアン・トマジウス（一六五五～一七二八年）によって取り上げられたが、彼は、プロイセンの若々しいハレ大学（一六九四年設立）での、自身による教育の中心にそれを用いた。トマジウスは、自然的非社交性のテーマの一種を復唱し、「作法 decorum」の文化のおかげで反社交的情念は徐々に抑制されるという議論を繰り返した。自然法は神の意志だが、人は時間をかけてそれを学んでいくのである。国家の固有の目的は、とりわけ宗教的情念のような諸情念の抑制を保証することにあると、彼は付言した。

　社交性にまつわる自然法を人間が獲得することについてのプーフェンドルフの説明は、ライプニッツの挑戦を受けた。ライプニッツは、自然法とは人間理性が神の本質的善性に参与することを通じて知りうるものであるとする考えを、再び強調した。それをクリスティアン・ヴォルフが、形而上学に関してそうしたのと同様に追随した。しかし、十八世紀ドイツのプロテスタント自然法思想に支配的だった傾向はむしろ、プーフェンドルフとトマジウスに由来するものであった。哲学史に対する明瞭に「折衷的」な態度に支えられて、プーフェンドルフの自然法は、ハレのみならず、ハノーファー領内の新しく、かつますます重要になってきたゲッティンゲン大学（一七三七年設立）における、そして実際にプロテスタントの北ヨーロッパ全体における教育を、活性化した。

それとは異なる、ホッブズへのよりグロティウス的な応答は、ジョン・ロック『統治二論』*Two Treatises of Government*（一六九〇年）によりなされた。ロックが認めたのは、神の命令により、我々は来世における制裁の苦しみのもとで、我々自身の善だけでなく他者の善も求めるよう定めた自然法の直接的義務のもとに置かれている、ということであった。社会と政府は契約により作られるものと理解されるべきであるとも、彼は主張した。しかし、「これまでにどうであったかという点から、権利とはどうあるべきかを主張しようとしても、無力である」ことを認めたにもかかわらず、神聖な歴史と直近に発見されたアメリカの両方から証拠を引き出したロックはなお、社会の出現に付せられた歴史的次元の存在を容認していた。有名なように、「最初、全世界はアメリカのようであった」と彼は述べた。しかし、その時以来、社会は（アメリカの原住民を取り残しつつ）土地所有の導入と、富の蓄積を可能とする貨幣の発明により、変容し続けてきた。これらの発明は時とともに生じ、統治契約を必要不可欠とした。

ドイツの外側では、プーフェンドルフの議論のロックによる修正は、様々に受け取られ、吸収された。その総合を試みた一人は、グラスゴー大学の評議員であり道徳哲学初代教授であったガーショム・カーマイケル（一六七二〜一七二九年）であった。しかし、十八世紀初頭においてプロテスタントの自然法学を統合し、教典上の全主要著者の作品を編集し、註を付けただけでなく、自然法学としての道徳哲学の「歴史」として最も広範に読まれた作品の一つを執筆したのは、ジャン・バルベラック（一六七四〜一七四四年）であった。

その間、カトリックの思想世界では、社交性の問題は別の道を通って前面に出た。それを触発したのが、ブレーズ・パスカル（一六二三〜六二年）著『田舎の友への手紙』*Lettres Provinciales*（一六五七年）であった。厳格なアウグスティヌス主義神学に鼓舞されて、この『手紙』は、道徳的決疑論とイエズス会宣教師の妥協に対する、容赦のない皮肉を込めた攻撃を行った。人間の堕落は情念に駆られての貪欲にあると主張することにより、パスカルは、人間を社交的とし、その社交性を保持する自然法の可能性、あるいは自然法の古代哲学における先駆者に当たるストア主義の可能性を、実質的に否定した。しかし堕落が自然的社交性を不可能としたのなら、その時、社会において人間はどのように生きていけばよかったのであろうか。パスカルと彼の友人のアウグスティヌス主義者ピエール・ニコルは、どのようにしてかは定かではないが、利己心が人間を一緒にすると仮定しうるのみであった。この種のアウグスティヌス主義道徳神学への依拠度合いの上昇は、古代においてストア主義に代わる選択肢だったエピクロス主義哲学への新たな関心と同時に生じた。エピクロス主義の観点では、道徳的卓越性を求める姿勢よりも、有用さや快適さが、社交的に暮らす上での最良の基礎とみなされた。しかしパスカルとニコルが認めたように、そのような世俗性は、他者と関わる中での欺瞞の行使と不可分であった。

このアウグスティヌス主義の観点はプロテスタント世界においても共鳴を得たが、それはバーナード・マンデヴィルの社会批評に見られる。マンデヴィルの着想源は、諸都市の中で最大で、かつ最も近代的なロンドンであった。ある見地からみれば『蜂の寓話』（一七一四年刊、一七二三年に増補版）は風刺であり、道徳的制約を課すことにより首都の作法を「改善」しようとする人たちの偽善を暴くものであった。しかし、より根底には、それはマンデヴィル自身が主張したように、哲学の著作として、近代的社交性の仕組みを分析するものでもあった。

最初、彼が認めたのは、人間の非社交的情念は正義の一体系を制度化したホッブズ的装置によってのみ飼い馴らされる、ということであった。しかしロンドンのような都市において、そのような仕組みは男女どちらについても情念の放縦を許容する余地がまだ大きい。マンデヴィルは特に、奢侈の消費者と流行の元締めとしての女性の役割に関心を持っていた。都市では田舎と違って、つましい収入の人にとってさえも、自分がより上位の地位にあると周囲の人に納得させるように着飾るのは可能であった。奢侈的消費の経済的便益をマンデヴィルは強調した。それは、雇用を創出し、商業を活性化し、多様性を促すものであった。それは偽善が実質的に不可避であるような制度であった。しかし、富の分配と個人の自尊という観点からみたその便益は、巷間言われる道徳的負担をしのぐものであった。マンデヴィルは、ロンドンが人間の境遇改善を象徴していることに疑いを差し挟まなかった。

しかしながら、彼の議論は、説得的であるという以上に挑発的なものであった。というのは、伝統的なキリスト教道徳を嘲笑したのみならず、彼が称揚した行動に関する一貫した道徳的正当化に失敗したからである。そのような正当化を行う試みはしかし、十八世紀初頭から中葉にかけてのイングランドとアイルランドそしてスコットランドの、一連の哲学者たちによりなされた。マンデヴィルに批判的な人たちは、『人間、習俗、意見、時間の特徴』*Characteristics of Men, Manners, Opinions, Times*（一七一一年）の著者であるシャフツベリ卿（一六七一〜一七一三年）に立ち返った。シャフツベリは、ホッブズの自然的非社交性という主題も、道徳は来世の制裁を求めるというロックの主張も、あわせて攻撃した。代わりに彼は、作法の規則としての道徳という考えを示した。その規則とは、ストア主義の原理に基づくかぎりは自然的なものであるが、規則の習得に専心できる有閑紳士によってのみ支えられる行動準則を設定しようとするものでもあり得た。

シャフツベリに触発されて、アイルランド生まれの長老会派哲学者フランシス・ハチソン（一六九四〜一七四六年）は、自然的社交性を擁護する鮮烈な試みをなすと同時に、近代社会によりいっそう適した道徳を見出した。ハチソンにとって、道徳とは、趣味と同様に、感情に由来するものとして理解されねばならなかった。特に前者すなわち道徳の場合には、他者への自然的仁愛を示す「道徳感覚」に由来するものであった。

道徳哲学講座をカーマイケルから引き継ぐため、一七三〇年にダブリンからグラスゴーに引っ越したハチソンは、教授就任講演を社交性の問題に捧げ、ホッブズとプーフェンドルフのエピクロス主義を攻撃し、自然的社交的情念が政治社会を形成する前提条件であると論じた。ハチソンは、そのような自然的情念を、神によるこの世界の秩序付けに起因するものとしたが、来世の制裁への訴えは道徳文化への追加的誘因としてのみ用いた。彼以上に厳格なスコットランドの長老主義者がいぶかしんだように、ロックが支持することに躍起となった道徳、つまり来世の賞罰に基礎付けられた道徳が入り込む余地は、ハチソンにはほとんどなかった。

マンデヴィルへのなおいっそう徹底的な応答であり、かついかなる形であれ神に依拠しない応答は、デイヴィッド・ヒュームによって行われたが、それはまず『人間本性論』*Treatise of Human Nature*（一七三九～四〇年）の第二巻と第三巻でなされ、次に『道徳原理の研究』*Enquiry Concerning Morals*（一七五一年）でなされた。ヒュームが認めたのは、男女は、家族や友情で繋がった人たちへの限定的仁愛を含む、自然的能力と徳を持つということであった。それらの能力や徳は、その影響を受ける人たちにとっては直接的に有用で心地よい性質であった。そうだとしてさえ、人がそれらを認めるのは「同感 sympathy」の過程の結果としてであると、ヒュームは説明した。すなわち「我々は、他者の目に映るものとして我々自身を通常考察し、我々に関係するものとして彼らが抱く好ましい感情に同感する」とした。自然的徳でさえ、同感的観察の過程を通じてのみ認められるものであった。

さらにヒュームが主張したのは、所有権と統治、すなわち社会の基礎にある制度が依拠する正義の徳は、直接的意味においては自然的ではないということであった。正義は人為的徳であり、人間の黙約である。そのことは、正義が、原始の、一度限りの契約の結果であることを意味するものではなかった。そのような仮定は、概念的に非一貫的であるとともに、歴史的に説得力のあるものでもない。正義が人為的であるのは、時を通じて、十分に多数の人々の間で同意され、認められたものとしてのみ存在しうるからである。ヒュームはそのようにして達成された正義を「自然法」と呼ぶ用意があったが、それが自然的であるのは、時の経過が認めたものだから、であった。神による世界の秩序付けに一切言及することなく、ヒュームは社交性と道徳の涵養を、厳密に世俗的な基礎の上に据えた。

道徳の同様の一般理論のうち、別の、少し曖昧で世俗的な見解は、アダム・スミスが『道徳感情論』において提起したものであった。スミスは、他者の動機と反応に立ち入り、観察者としてそれらを観察し、他者の行動の適宜性と有用性についての道徳判断に到達することを可能にする、共通の人間性質としての「同感 sympathy」の原理から始める。社会における不平等性、および道徳的行動を期待する状況の多様性は、すでにかなりの程度深化していることを前提としつつ、道徳的判断の大変な複雑さの探求において、スミスはヒュームをはるかにしのぐところまで進んでいく。そのようにしてスミスは、自己を犠牲とすることで自分たちの境遇改善をなす人たちへの、我々の承認を説明する。そのような人たちを我々はなお賞賛し、模倣しようとするが、そうすることを通じて社会組織の維持を助けているのである。

しかしながらスミスは、通常の観察者の視点を持つことで果たして道徳判断の最高水準が達成可能かどうかを、徐々に問題にするようになった。一七九〇年というスミスの没年に出版された第六版で頂点に達する『道徳感情論』の後続諸版では「公平な観察者 impartial spectator」の考えが導入され、展開された。それは、行為が生じる状況についてよく知悉しており、通常の観察者の意見に左右されることの少ない観察者のことであった。しかしそのような制約を付したとしても、スミスは、道徳の説明を理性ではなく感情に基礎付けることをやめず、道徳感情が時の経過を受けていっそう洗練されることを前提とし続けた。

他人の動機と境遇への同感は説得力のある道徳哲学の基礎としては十分ではない、ということをスミスが承認したことは、先見の明のあることが分かった。それはまさに、イマヌエル・カントにより推し進められた反論そのものだからである。というのも、ヒュームが想定したように「他人の目に我々がそうと見えるように」我々自身をみなすというだけでは、道徳の基礎として決して十分ではなかった。社会行動の歴史的観察から道徳を引き出す代わりに、カントは、真なる道徳原理はア・プリオリに形成され、理性によって意志されるものと解されなければならないと主張した。このようにしてカントは、有名な要綱『道徳形而上学原論』*Groundwork of the Metaphysics of Morals*（一七八五年）において、道徳原理は「定言命法」の普遍的公式、すなわち、同時に普遍的な法となしうるような格率に従って行動せよ、に基礎を置くと論じたのである。かくしてカントは、道徳価値は普遍的に適用されねばならないという自然法の原理に立ち返ったが、しかし彼がそうしたのは、神の命令も、神による世界秩序の合理的理解も、あるいは人間的同意や遵守可能な合意といった根拠も、すべて伴わずにであった。道徳における理性の復権はクリスティアン・ヴォルフの形而上学的伝統に幾分かを負っていたが、カントは自分の哲学の新しさを唱え、自然法学者であると、感情と観察者の判断に基礎を置く道徳哲学のイギリスにおける主張者であるとを問わず、すべての先駆者から彼自身の哲学を区別した。

個人の道徳的自律が、「啓蒙とは何か」という問いへの答えとしてカントが提起した理性の公共的応用のための、基礎を提供した。自らの先駆者たちに向けたカントの批判の力は、彼の言葉をそのまま受け取り、彼の哲学を、道徳についての啓蒙思想の頂点として、啓蒙の道徳哲学をそれ自体で構成するものとしてさえ、理解するように誘惑する。だが十八世紀の道徳的探求をそのように縮約して描くことは、端的に非歴史的であるのみではない。それはまた、カントのア・プリオリな倫理学が社交性の問題を解決しなかった事実も見逃すものである。むしろカントは、社交性の問題の扱い難さを、「非社会的社交性」の問題としてそれを再定式化することで自認していた。そうすることにより彼が受け入れたのは、この問題は人間の歴史の問題だということである。人間性の「ゆがんだ材木」と呼ばれる情念が優勢となる歴史が意味したのは、定言命法の規則に従う男女という見通しが、今も、そして予見可能な将来も、限られるか、あるいは存在すらしないことであった。

カントは「世界市民という視点から見た普遍史の理念」'Idea for a universal history with a cosmopolitan purpose'（一七八四年）において次のように主張した。もし人類が、「摂理」は人間存在に目的を付与するという考えを復権させるならば、少なくとも原理上は、定言命法という基準の漸次的容認を、ひいては真の道徳的社交性の達成を構想することは可能である。しかし、のちにみるように、歴史に目的があるという想定は、カント以外の啓蒙の歴史家や歴史哲学者たちが揃いもそろって否定したものであった。なぜならば、仮に人類が歴史を通じて原初的ないし自然的非社交性を克服すると言いうるにしてもなお、その同じ歴史が、人間同士の敵対や争いに対する永続的解決という見込みをほとんど提供していないからである。そうは言っても、歴史が確実に手にしている事柄が、一つだけあった。人間の物質的境遇の改善という、現実的展望のことである。

歴史

啓蒙との関係で歴史と向かい合うことは、ヴォルテール、ヒューム、ロバートソン、ギボンによる偉大な展望的叙述によって（それらで尽きることはないにせよ）示される。それらは、ルネサンス期の先達であるマキアヴェッリとグィッチャルディーニの伝統に単に従った叙述にすぎなかったわけではない。むしろそれらは、拡張された分析的視座の中に自らを位置付けることにおいて、「哲学的」たることを公言するものであった。

啓蒙の歴史家が信じていたのは、政治の出来事は、それが生じる「社会」の枠組みにおいて理解されねばならないということであった。歴史家というものは、社会構造、例えば階級分布などとともに、民族の「習俗」にも留意せねばならない。そして、歴史家というものはまた、地理的場所、風土、経済的生存手段によって諸国民が制約されていることにも気づかねばならない。これらの要素は、十八世紀以前も無視されていた訳ではなかった。十六世紀に入って、それまで未知であった大陸と諸民族が発見されて以来、「歴史物語術」についての著述家はその実践者に、上述の諸要素を組み込むよう促していた。しかしそうした実践は、従来のヨーロッパの歴史家には手の届かないことが明らかな挑戦であった。十八世紀において初めてそれは取り上げられ、啓蒙の歴史著述に特有の属性となった。

啓蒙の歴史家がこのように考えることを、他のどの著作よりも鼓舞した著作は、シャルル・ルイ、モンテスキュー男爵（一六八九〜一七五五年）の『法の精神』*Esprit des lois*（一七四八年）であった。この著作は、フランス封建法の歴史に捧げられた最後の諸巻をのぞいて、それ自体としては歴史の著作ではない。この著作は統治の諸形態の研究であり、モンテスキューの手でそれらは三つの基本型へと分類されている。すなわち、共和制、君主制、専制であり、それらは、固有の価値観、普及している習俗、地理的条件、風土、経済的適性との関係で分析される。モンテスキューが論じるには、それらすべてが、国民の法と国制の「精神」を理解するために検討されねばならない。ここで暗黙のうちに対比されているのは、自然法学者やローマ法学者の法学的視座である。モンテスキューは想定可能なありとあらゆる範囲のもとでの統治の比較・歴史研究を好んだがために、そうした視座を等閑に付した。

『法の精神』の核心はイングランドの共和制＝君主制混合政体とフランスの絶対君主制との比較であるが、その比較は、決して後者に不利なものではなかった。しかし、この著作において特徴的なのはその包括性であり、オッカムの剃刀を使うことへの著者のためらいである。彼の好奇心の外にあるものはほとんどない。ヒュームやギボンを含む多くの読者は、この著作の簡潔で箴言的な文体に苛立ちを覚えたかもしれないが、モンテスキューは、政治がどう理解されたらよいか、そして歴史がどう書かれたらよいかについての理解を変えた。というのも、マキアヴェッリ以来の他の誰も、そのようなことをなさなかったからである。

この比較という視座に対して、十八世紀の歴史家はさらにあるものを付け加えた。歴史はこの時はじめて動的な過程、すなわち「進歩 progress」として把握されたのである。のちにみるように、啓蒙の歴史家は進歩を明瞭に肯定的なものとはみなさなかった。むしろ逆であったほどである。しかし彼らが考えたのは、社会は発展するということ、したがって「社会の進歩 the progress of society」の観点から考察することは可能であるということである。

この考察を行うために、彼らは起源に立ち返り、社会存在の最初期の様相に見えるものをつきとめた。第二章で検討したように、その一つは神聖な歴史であり、それは最初の人間と家族に関する情報の貴重な源泉であった。もう一つは南北アメリカである。そこの諸民族はスペイン人により発見され征服されたが、北アメリカのいまだ独立していた原住民については、イギリスやフランスそしてオランダの入植者が、その土地を（不均等に）分割しようと試みていた。「最初、全世界はアメリカのようであった」というロックの観察の背後にあるのは、幾巻にも及ぶ旅行者や宣教師の報告書であり、そのなかには、スペインのイエズス会士ホセ・デ・アコスタによる有名な『両インド自然文化史』*Natural and Moral History of the East and West Indies*（一五九〇年）があった。アコスタが理解していたのは、アメリカの多様な諸民族を一括して「野蛮」と名付けるだけでは不足だということであった。そのうちの一部の民族は実際、放浪の民であり、緩やかな集合体であり、常に戦争をしている、野蛮な水準にあった。しかし、他の諸民族は、土地を耕作し、所有権を有する共同体をそれぞれ形成していた。十八世紀の歴史家たちはロックに従って、それらの共同体を進歩の前提条件であると推測した。

最初期の男女の研究の、第二の、より直近に利用可能となった源泉は、人間に最も近いと考えられていた動物、すなわち猿と「オランウータン」の比較解剖学であった。一六九九年になされた影響力ある研究において、イギリスの博物学者エドワード・タイソンは、「オランウータン」を（実際には若いチンパンジーであった）、後脚で歩くことが可能で、かつ発語器官を有するものとみなした。後に、スウェーデンの博物学者リンネとフランスの博物史家ビュフォンは、一連の新たな人間の諸類型を考案し、人間と動物の間の区別を曖昧にして、実践的技能と言語の獲得についての新たな知見を提供した。

しかしながら、そのような思考の一つの帰結としてありえたのが、人間と動物の間の違いが減るにつれ、人間の諸類型の間の違いが増加することであった。その違いとは、スペクトラムの一方の（最高の）終極には白人ヨーロッパ人が、他方の極には、「オランウータン」とみなされた生き物と最も近い黒人アフリカ人が置かれるというものであった。この仮説は十七世紀中葉にはじめて投じられた異端思想によって補強されたが、それは、アダムは結局のところ最初の人類ではない、なぜなら彼の息子カインが妻を見つけたとすれば、アダム以前の世界に彼以外の人間がいたことになるからだ、と考えるものであった。言い換えれば、世界の諸民族の起源は多元発生であり、単一の起源を持たない。そのような主張は、ヴォルテールやヒュームのような宗教的懐疑主義者には魅力的であった。博物学者による人間の諸類型の区別と結びついて、それは、あからさまな人種的位階秩序の外観を呈するものを容認する。そのような考えは、ヒュームが「黒人や、一般に白人以外のあらゆる人種（四つか五つの異なる種類がある）は、白人に自然的に劣る疑いがあるように思う」とした、今では悪名高い脚註発言の背後に横たわるものである。そこから黒人奴隷の擁護にいたるまでには、ほんのわずかな段階を踏みさえすれば良かった。それでもここで強調されねばならないのは、古代世界での奴隷制の実践を非難したヒューム自身は、実際にはその道に踏み込まなかったということである。

しかしながら、啓蒙の歴史家にとって決定的に重要な問題は、人間には自然的な人種の違いがあるかどうかではなく、なぜ、一部の人間社会が、とりわけヨーロッパ社会が発展しえたのに対し、アメリカやアフリカの原住民の社会のような他の社会がはるかに遅れているのかということであった。その説明は、社会発展の明確な段階理論に見出される。段階は様々に特徴付けられた。一部の歴史家は、「未開 savage」と「野蛮 barbarian」と「文明 civilized」(最後の段階は civis 都市国家に由来する）の古典的カテゴリーを用い続けた。『市民社会史論』*An Essay on the History of Civil Society*（一七六七年）の著者であるスコットランド人アダム・ファーガソン（一七二三〜一八一六年）は、未開社会と野蛮社会を区別し、後者には所有権が認められるとした。ただし「洗練された商業諸国民」においてのみ、社会的・政治的「従属関係 subordination」の位階秩序の中で、個人の人格権が十分に確保されるという。より独創的なのは、支配的な生活様式により段階を分類する方法であり、その完全に発展した形態は、狩猟社会、牧畜社会、農業社会、商業社会からなるとする「四段階理論」であった。

段階的な生活様式という考えは、後のマルクス主義者による生産様式の概念と同一ではない。同一ではないとしても、啓蒙の歴史家は、異なる生活様式が異なる所有関係や多様な習俗、女性固有の様々な役割や多様な権威体系とどう一致するかに、興味を持っていた。この理論を手際よく使用したのは、南北アメリカの征服と植民地化を研究した、ウィリアム・ロバートソン（一七二一〜九三年）の『アメリカ史』*History of America* であった。しかし、この理論の古典的陳述はアダム・スミスの『国富論』に見られる。そこでは、この理論は、農業から商業への「富裕の自然的進歩」のモデルと結びつけられている。段階理論を使用することにより、歴史家は「社会の進歩」についてより明瞭に考えることができるようになった。しかし、そのことは、一つの段階から次の段階への運動が自動的であることを意味するものではなかった（特に最初期の諸段階で）し、内在的に目的化された発展としての目的論の含意も持たなかった。カントが自覚したように、そうするためには、啓蒙の歴史家が一般的にはほとんど関心を持たなかった別の哲学的正当化が必要であった。

社会の物質的状況が段階的歴史に基礎を提供するものである一方、啓蒙の歴史家が少なくともそれと同じくらい興味を持っていたのは、彼らが研究した諸社会のあいだで異なる「習俗 manners, moeurs」であった。モンテスキューが習俗を国民の法の精神の中心にあるものとした一方で、ヴォルテールは自らの普遍史を『習俗論』*Essai sur les meours*（一七五五年）と題した。題名には用いなかったものの、ヒュームやロバートソンやギボンは皆、諸国民のあいだで豊かさが異なる理由の説明に習俗が必要不可欠であることを、示そうとした。そうした関心に伴う二つの側面は、よりいっそうの注意を払うに値する。

一つは言語の起源への関心である。ある面では、これは知識の哲学の専門的問題であった。すなわち、ロックが論じ、『百科全書』の編者が同意したように、あらゆる知識が感覚に由来するならば、感覚が人間知性に対して示すことを、言語はどのように、そしてどの程度表象するのであるか。この問題は、コンディヤックが『人間認識起源論』*Essay on the Origin of Human*

Knowledge（一七四六年）で提示したものであり、プロイセンのフリードリヒ二世の下で再建されたベルリンの科学アカデミーに限らず、ヨーロッパ中で論争となった。

しかし、ベルリンその他での論争は、男女が最初に意思疎通する必要があった状況についての一連の諸問題、すなわち、原始の意思疎通は本来的に何からなっていたのか、より洗練された言語が続いて発展したのはいかにしてか、を通じて、歴史的に形成されたものでもあった。これらの問題には、言語の推測的で自然主義的な歴史を通じて、次第に多くの回答が寄せられるようになった。その有名な例は、マンデヴィルが『蜂の寓話』の第二巻で述べた説明である。しかし、そのような歴史はそれ自体困難なところがあった。すなわち、もし言語が社会にとって不可欠であるとすると、言語は社会以前に存在せねばならないのではないか。この問いは、一部の人が言語は人間への神の贈り物であるという主張を続ける余地を、残すことになった。

しかしながら、歴史家にとって言語の起源と同程度に興味深かったのは、国民の習俗の進化と文明化の過程において言語の果たす持続的役割であった。それは、文芸のみならず、政治的発語や、より個人的な意思疎通の形態、すなわち手紙や会話という最も広い意味における「交流 commerce」にもはっきりと見られるものであっただろう。文明社会は、言語の使用における洗練と、その洗練が涵養したよき習俗とにより、他から区別されるものであっただろう。

その洗練の重要な尺度であり、習俗の歴史の注目に値する第二の主題であったものは、女性の境遇である。いまや女性は歴史の明白な主題となった。フランス語では、アントワーヌ・

レオナール・トマによる『女性の特徴、習俗、精神についての論考』*Essai sur le caractère, les moeurs et l'esprit des femmes*（一七七二年）が、英語では、ウィリアム・アレクサンダーの『最初期の古代からの女性の歴史』*The History of Women from the Earliest Antiquity*（一七七九年）があった。ジョン・ミラー『階級区分の起源』*Observations concerning the Distinction of Ranks in Society*（一七七一年）においても、女性は同様に重要な位置を占めていた。女性の手になる歴史には、ラディカルなキャサリン・マコーリ（一七三一～九一年）による『イングランド史』*History of England* や、ルイーズ・ド・ケラリオ（一七五八～一八二二年）による複数巻の『イギリス女王エリザベスの歴史』*Histoire d'Elisabeth, reine d'Angleterre*（一七八六～九年）があった。

しかしながら、それにもかかわらず、歴史において女性に帰せられる働きの度合いは不明瞭なままであった。発展の段階モデルを利用したほとんどの歴史家は、女性の境遇は社会の進歩とともに改善したと確信していた。女性は、初期の未開社会では粗雑に扱われていたが、洗練された文明社会でははるかに尊敬が与えられ、その見返りに、人としてのより良い作法が要求された。女性のための騎士道という考えとその実践が含意したものは特に注目を浴びたのであり、その効用について歴史家の立場が分かれたほどである。しかし、歴史の過程を変化させる力としての働きは、まだ十分ではなかった。邪な女王（スコットランド女王メアリー）も賢明な女王（イングランドのエリザベス）もいたが、皇帝や王には狡猾な愛人もいた。しかし、それらの地位を下回る女性については、個々の歴史主体として認識されることはほとんどなかった。

女性に与えられた位置付けは、実際、啓蒙の歴史家が直面した、より一般的な問題のひとつの兆候であった。その問題とは、いかにして地理や経済状況や習俗を大規模な物語的叙述へと統合するのかというものである。啓蒙の「哲学的歴史家」は、社会の歴史と習俗の歴史を、統治について、また支配者間の関係について扱ったより伝統的な歴史と同時に、しかも同じ著作内で書き著すことに、かなり苦心した。彼らは、宗教史を自分たちの叙述に統合することにおいておそらく最も成功した。対照的に、経済史や社会の習俗、文芸の歴史は、例えばヒューム『イングランド史』がそれらを補遺に追いやったように、脇に置かれる傾向にあった。しかし、哲学的歴史家のみがこの過ちを犯したわけではない。叙述を構造的説明と結合するという問題は、十九世紀や二十世紀においてもよりよく解決された訳ではなく、近現代の歴史学者を苛立たせ続けている。啓蒙の歴史家の業績を挙げるとすれば、それは彼らこそがこの問題を概念化し、それを自らの作中で扱った、最初の人たちであったということである。それが失敗に終わったとしても、彼らは、これまで書かれた中で最良の歴史のいくつかを残していた。例えばギボンの『ローマ帝国衰亡史』であり、それは幅広さ、野心的解釈、文体の偉大さにおいて、あらゆる時代を通じて比類なきものである。そうすることにより彼らは、「社会の進歩」の確信という歴史的視座を、啓蒙思想の核心に位置付けたのである。

ルソー

啓蒙の内側で、ある一人の思想家が、歴史とは社会の進歩であるという見解に同調せず、近代という商業時代における道徳の両義性への感覚を強力に研ぎ澄ませた。それがジャン＝ジャック・ルソー（一七一二～七八年）である（図9）。彼の名が最初に出たのは、技芸と学問、そして奢侈の批判者としてであり、その著述の範囲は広範に及ぶ。すなわち、音楽（オペラ『村の占い師』*Le Devin du Village*（一七五二年）の作曲を含む）、道徳・政治哲学（『社会契約論』*Contrat Social*（一七六二年））、教育（『エミール』*Emile*（これもまた一七六二年））、書簡文学（『新エロイーズ』

図9　ジャン＝ジャック・ルソー。モーリス・カンタン・ド・ラ・トゥールによる肖像（1753年）。40歳になったルソーの肖像であるが、この時までに、彼は受賞作『学問芸術論』*Discourse on the Arts and Sciences*（1751年）や、快活なオペラ『村の占い師』（1752年）で知られていた。彼の最も偉大な著作は、その時にはまだ出来ていなかった。

Julie, ou la nouvelle Héloïse（一七六一年）、自伝的な『告白』（一七八二年の死後出版）である。

しかし、しばしば「第二論文」として知られている『人間不平等起源論』*Discours sur l'origine et les fondements de l'inégalité parmi les hommes*（一七五五年）において、社交性とその起源そして帰結についての道徳的・歴史的問題を扱ったことこそ、ルソーが同時代の哲学者に最大の衝撃をもたらした点である。この著作は、ディジョンのアカデミーにより提起された問題、すなわち、「人間の不平等の起源は何であるか、そしてそれは自然法により正当化されるのか」という問題への回答として、一七五四年に著された。

ルソーはその問題の二番目の部分を脇に置いて、自然法はこの問題への回答に関して果たすべき役割がないと読者に注意した。代わりに、ルソーはこの問題を、人間の自然的境遇と、そこからの社会への移行に関する問題として、構成した。この目的のためにルソーは、創世記で語られた、知られるかぎりで最も初期の歴史から故意に逸脱し、人間の本源的かつ自然的な境遇であったに違いないものを推測した。彼が強調するのは、そのような推測は、世界の形成について確定的判断を下すために自然哲学者により今日なされている推測の一種だということであった。それは「推測的歴史 conjectural history」（この語はまもなく広まった）ではない。なぜなら、既存の証拠に見られる空白を埋めようとするものではないからである。

ルソーが想定していたのは、最初期の男女は孤独な人たちであり、一人で歩き回り、食べ物を探し、出会ったらカップルとなるというものであった。それ自体、タイソンが描く「オランウータン」と非常に近かった。彼ら最初期の男女は、自己保存を求めることにおいて生来利己的であるが、他者が苦しむことへの嫌悪感を有していた。すなわち、「哀れみ pity」は、動物においてそうであると思われるのと同様に、人間の自然的感情である。これは自然的非社交性の状態であるが、個人が自己中心的情念に支配されている状態ではない。人間が有し、動物が有していないのは、自由意志であり、それは原始の状態を変化させ、改善させ、あるいは腐敗させる能力としての「完成可能性 perfectibility」という重要な性質である。

人口成長と地理的制約（海や山脈）を受けて一緒にいることを強いられた時にのみ、彼らの情念は競争的なものとなり、完成可能性の両義性が明白となる。彼らは家族で定住し、言語を獲得する。「最初に生じたのは言語か社会か」を声高に問うたのはルソーであり、この問いは、言語が生得的であってほしい、つまり神の贈与物であってほしいと望んでいた人たちに新たな希望を与えた。

しかしルソー自身が強調したであろうことは、人間が共に住み、言語の使用を促進するようにするために、自然はいかにわずかのことしかなさなかったか、ということであった。本能のみが、すべての人に、自然状態で住むのに必要なすべてのことを与えた。とはいえ、男女が社会でいったん一緒に住むようになると、言語はあまりにも大きな効能を獲得した。言語は、所有権の確立という移行の決定的契機において、重要な役割を担った。このことが生じるのは、人々が専業に特化し始め、ある人は土地を耕し、別の人は耕作者が必要な道具を作るようになったときであった。その時点で、耕作する土地の排他的所有権を主張することが耕作者の利益となった。しかし、その主張のみでは土地は彼の所有物とはならなかった。他者によるその主張の容認こそが決定的であった。その容認は、言語の持つ説得力の帰結である。所有権制度を受け入れることで、男女は不平等と、位階的で分断的に組織された社会に同意した。

所有権制度を通じた不平等の確立は二つの破滅的帰結をもたらした。第一は、自尊心 amour propre を単なる自己愛 amour de soi から引き離すことにより、そして人間が自己を同胞から区別し、互いに不平等であると表示するよう促すことにより、自己愛という人間情念の内部における分断が悪化することである。パスカルとマンデヴィルがすでに示唆したように、この種の自尊心は欺瞞によってのみ維持されうる。しかし、彼らはそこに社会的効用があると思っていたのに対して、ルソーは堕落のみを見ていた。「本質と外観とはまったく異なる二つのものになり、この区別から、人を威圧する豪華さと人を欺く策略と、それにともなうあらゆる悪徳が出てきた」(Jean-Jacques Rousseau, *The Discourses and other early political writings*, ed. by Victor Gourevitch, (Cambridge: Cambridge U. P., 1997, p. 170(原好男訳『人間不平等起源論』(『起源』ルソー・コレクション、白水社、八八頁))。

第二の帰結は、田舎に対する都市の優位である。農業者は土地所有をめぐる競争には勝ったかもしれないが、都市住人が余分な奢侈品の製造に特化するのを分業が可能とするにつれて、都市に生じた財の余剰を浪費するようますます誘惑されるようになった。借金を抱えるに到り、多くの農業者は土地を放棄して都市に移住した。そこでは、人間の大変な集中により、かつて以上に専制的な統治形態への統合が促進された。

かくしてルソーの議論は、近代ヨーロッパ史の枢要な過程の概要についての、明確に歴史的な議論となった。しかしルソーの議論は、「社会の進歩 progress of society」の擁護者により想定されていたのとは非常に異なる結末を持つ歴史であった。というのも、ルソーは近代文明と腐敗を明らかに同一視していたからである。終幕で未開人と文明人を劇的に比較することにより、ルソーはこの点をはっきりさせた。未開人は「ただ安息と自由のみを呼吸し」「自分自身のなかで」生きている。対して、都市民は「つねに活動的で、汗を流し、動きまわり、ますます骨の折れる仕事を求めてたえず苦しみ……憎んでいる身分の高い人間や軽蔑している金持ちにお世辞を言う」。彼は「他人の意見のなかでしか生きられない」(*Ibid.*, p. 187〔同上書、一一一頁。なお邦訳を一部改変〕)。これは、古典に鼓舞された道徳主義の伝統的嘆きよりもはるかに徹底した批判であった。ルソーが理解していた腐敗は、非常に危険なものであった。なぜなら、その腐敗は歴史の一過程であり、かつて想像できないほどの物質的報酬と社会的地位を提供する「社会の進歩」の総合的帰結だからである。腐敗は境遇改善のもう一つの顔であった。

この批判の力は大きく、啓蒙主義哲学者でそれを銘記し損なったりそれに応答できなかったりしたのはごく少数にとどまったほどであった。ヒュームはその少数者の一人であったが、一七六三年から一七六六年にかけての栄えあるパリ訪問の後、ルソーの友人となるつもりでイングランドに彼を連れてきたときに、その考え違いの償いをしたのであった。彼らの関係の急速な断絶は国際的な注目の的となった。対してアダム・スミスは、自らの道徳および（のちに考察するように）経済思想を、ルソーへの応答として形成した。しかし、ルソーの衝撃はヨーロッパ中で感じられた。例えばナポリにおいて、アントニオ・ジェノヴェージ（一七一三～六九年）はルソーの攻撃から経済学を擁護するために自らの道徳哲学を再構築することになった。さらに言えば、少なくとも一つの領域において、ルソーによる批判は彼自身が予見していなかったかもしれないやり方で取り上げられ、展開された。

というのも、啓蒙思想の重要だがいまだ評価が十分ではない側面は、反帝国主義的であったからであるが、それは他者との、つまり探検家や宣教師により発見された明らかに後進的な諸民族とのヨーロッパ人の関わり方を批判的に取り扱っていることが明白であった。この態度を鼓舞したのは、ルソーの単純な読み方から出てくるであろう「自然的人間 natural man」や「高貴な未開人 noble savage」の理想という以上に、人間文化の多様性への好奇心であった。

哲学者に興味を持たせたのは、習俗によって自他を差別化するための、一見すると無限に見える諸民族の能力であった。有名な例は、イギリスのクック船長やフランスのブーガンヴィル船長が出会った、南洋の島民の性的なおおらかさであり、ブーガンヴィル船長はパリで見世物にしようと、あるタヒチ人とともに帰還した。このフランス人船長の邂逅は、ディドロの痛烈な『ブーガンヴィル航海記補遺』*Supplément au voyage de Bougainville*（一七七三～七四年）の主題であり、そこではブーガンヴィルの搾取の意図が暴露され、キリスト教道徳の偽善に対して、島民の性的自由が称揚されている。

しかし、ディドロによる批判が最大限に展開されたのは、『両インド史』*Histoire des deux Indes*（一七七〇〜八〇年）においてであった。この本の著者はレナル神父と同定されているが、レナルの役割は編者に相当するものだった。一七八〇年版までは、この著作の大部分がディドロにより執筆されたことも、その後の研究ですでに確定している。さらに、この著作に最も鋭い色調を与えたのもディドロであった。『両インド史』は商業それ自体に敵対的なのではなく、奴隷制がカリブ海の植民地には商業上必要であったことさえ認めている。しかし、この著作が繰り返し攻撃したのは、その植民地でのヨーロッパ人の振る舞いであり、ヨーロッパ人による現地人の、とりわけ奴隷の取り扱いであった。もう一つの攻撃対象は、ヨーロッパの海賊が運び入れた見境のない残忍さと、経済的な混乱であった。

レナルとディドロによるこの著作が最大の衝撃をもたらしたとしても、そこでの見方は決して独創的なものではなかった。アダム・スミスは独占貿易会社の熱心な批判者であったし、そうした会社は、ヨーロッパ人が植民地とヨーロッパ間の貿易のみならず植民地世界自体の貿易をも支配するのに用いたものであった。カントは海上貿易を、原住民や、あるいはヨーロッパ人競争相手への攻撃を促すので、戦争の主要因の一つであるとみなしている。とりわけもっとも幻滅していたのは、おそらくヘルダーであった。彼が旅行文献を通じて固めた信念は、諸国民とそれぞれの固有文化はその多様性ゆえにこそ人間の社交性の鍵となるものであるが、ヨーロッパ人の貪欲と傲慢を前にしては、それらの文化がただ悪用され踏み潰されるのを目にするだけであった、というものである。

帝国の害悪は、ルソーの近代文明批判において相対的に周縁的な位置しか占めていないが、十八世紀後半においてその害悪が広く認められていたことは、ヨーロッパの進歩の道徳的帰結を疑問視するルソーの衝撃を証明するものであった。ルソーは啓蒙の知的楽観主義にうんざりしていたし、ルソーの批判を拭い去ることができる日は来ないだろう。しかしルソーが衝撃を与えた理由とはまさに、彼が自らの哲学者仲間の中心的関心と実に徹底的に格闘したからに他ならない。ルソーは決して、啓蒙に対して例外的でも、外在的でも、あるいは「反している」のでもなかった。

経済学

ルソーの重要性は、ルソーの挑戦に回答が与えられたこと自体によって裏付けられる。誰よりも明瞭な回答を行ったのが、アダム・スミスであった。既に考察したように、スミスが間違いなく承認していたのは、境遇改善へと男女を駆り立てるのは、他人の視線を浴びる地位を獲得しようとする野心であるという点である。スミスは生涯を終えるに際し、『道徳感情論』第六版に「富裕な人びと、地位のある人びとに感嘆し、貧乏でいやしい状態にある人びとを軽蔑または無視するという、この性向によってひきおこされる、われわれの道徳感情の腐敗について」と題された章を追加することにより、この承認を積極的に補強した。商業社会における公平な観察者は、商業社会の諸価値について相反する感情を有せざるを得なかった。しかしスミスは、商業社会は社会のあらゆる地位の人に物質的繁栄という帰結をもたらす境遇改善への駆動力であるとの、相殺的な自らの主張を引っ込めようとはしなかった。あたかも「見えざる手」が働くかのごとく、意図せざる結果により、商業社会はそれを行う。富裕な人びとは「かれら自身の空虚であくことを知らない諸欲求の充足」のために多数の人を雇うにすぎないが、「かれらは、自分たちのすべての改良の成果を、貧乏な人びととともに分割する」(Smith, *op. cit.,* IV. 1. 10〔前掲書、(下)、二四頁〕)。なぜそうなるのかを説明するために、スミスは『国富論』の執筆へと進んだ。経済思想史上の画期的著作である『国富論』は、啓蒙の言説のひとつとして出現した経済学の極めつけでもあった。

経済学のルーツは十七世紀にあった。その時、経済学 political economy という語が作られ(フランス語に最初の用例がある)、経済活動が、国家の地位と権力の基礎として広範な論評の主題となった。十七世紀初頭に、スペイン君主政の直面する問題がアメリカ銀への同国政治の依存と関係があるのかどうかについて、企画家たち arbitristas が議論した。世紀半ばには、三十年戦争で破壊されたドイツ諸領邦の支配者たちが、人口と基礎的経済資源をどう復興させるかを学びとるために、「官房学 cameralism」という新しい言説に目を向け始めた。しかし、最も活発な議論はイングランドとフランスで生じ、その参加者は、問題に対してこれまでとは顕著に異なる処方箋および解決策を提示した。イングランドの議論で目立っていたのは、トマス・マン、ニコラス・バーボン、ウィリアム・ペティ、ヘンリー・マーティンそしてジョン・ケアリーであった。ケアリー著『イングランドの状態についての論考』*Essay on the State of England*（一六九五年）は、イングランド産業を低賃金で脅かすアイルランドの脅威とされるものに関心を寄せた代表的文献である。もしイングランドが製造業において競争力を失えば、オランダやフランスの商業覇権の軍門に下ることとなろう、というのである。フランス人は、彼ら自身の見方でもって同様の不安感を伴う議論を行った。ルイ十四世の大臣のコルベールは、フランスの農業資源を補うため、製造業と商業航海を強力に保護し促進しようとした。他の人々はルイ十四世の軍事侵略に反対し、農業が第一に置かれるべきであり、とくに奢侈品の製造業は削減されるべきだと主張した。ボワギュルベールは、パリの不均衡的成長を目の当たりにして、農業を優先すべきだと主張した。他方で、フェヌロン大司教の寓話『テレマック』*Télémaque*（一六九九年）は、都市の人々は奢侈を放棄させられ、強制的に帰農させられるべきだと主張した。

啓蒙の経済学の基礎が十八世紀前半に築かれたのはフランスにおいてであった。それを触発したのは、スコットランド出身の財政家ジョン・ローの野心的なフランス公債償還計画、すなわち一七二〇年の「ミシシッピ計画 Mississippi Scheme」の失敗であった。ローの元秘書ジャン＝フランソワ・ムロン（一六七五〜一七三八年）はこの失敗の原因を分析し、その結果を、近代経済の仕組みの一般的説明のなかに組み込んだ。ムロンの『商業についての政治的試論』*Essai politique sur le commerce*（一七三四年）はいくつかの次元で重要である。その著作は、想像上のシナリオ（事実上のモデル）を用いて自らの議論を支えた。そして「効用 utility」の支配という明瞭な仮定のもとで、「奢侈 luxury」は道徳主義の用語であり、それなしで済ますのが良いと論じるまでに至った（フェヌロンへの反論である）。論じられた範囲の包括性ゆえに、本書はマニュアル本としても役立った。したがってこの著作は十八世紀の残る期間にヨーロッパ中で読まれ、他の言語に頻繁に翻訳された。ナポリにおいては一七四〇年代初期に改革者たちの心を捉え、その魅力の持続性は一七七八年と一七九五年の翻訳で示された。

ムロンの著作の衝撃は、ヴァンサン・ド・グルネ（一七一二〜五九年）率いる経済著述家集団の諸著作が出版されたことにより、一七五〇年代に入ってさらに強められた。その集団のなかで際立っていたのは、ビュッテル＝デュモン、フォルボネ、チュルゴであった。グルネはとくに翻訳を奨励し、一七五五年の一年間だけでも、カンティロン『商業試論』*Essai sur la nature du commerce* とケアリー『イングランドの通商状態についての論考』*Essai sur l'état du commerce d'Angleterre* がビュッテル＝デュモンにより翻訳・再執筆されただけでなく、ヒューム『政治論集』*Discours politiques* までもがルブラン神父により翻訳された。グルネの指導力は、王室財政の基礎としての経済は「国家理性 reason of state」であるべきであり、したがって経済は公共の論議から引き離されるべきである、というフランス君主政の防御的前提を打ち破るほどの活力を有しただけでなく、フランス語圏ヨーロッパのいたるところにさらに多数の経済著作を広めることにもつながった。

このフランス経済学の基本方針は、農業が健全な国民経済の基礎であるというものである。その前提は、フランスは、他の地中海諸国と同様に、そしてオランダと違って、肥沃な土地が豊富であるということにあった。そのような肥沃さの中での危機は、農業者が生産性を向上させる動機を欠き、そのことがフランス全国を、自然的原因に由来する不作に対して脆弱にすることにあった。しかしこの危機は、国内製造業を促進することにより回避されうる。国内製造業は農業者に生産性向上への動機を与え、それにより購買力が上がると同時に欠乏への蓄えができる。製造業と穀物自由流通の双方を促進するため、交通への投資と通行税の規制を通じて、国内商業をさらに促進するべきである。

対して、外国貿易は制限されるべきである。購買力のある人は、自らの富を外国の奢侈品を買うことに向けないことが重要である。外国の奢侈品は、国民経済の収支を損ない、都市、特に首都の過度な成長を促すものである。もちろん、強調点には差異もある。ムロンは奢侈の悩みを退けたが、それはモンテスキューを含む他者には共有されなかった。しかし合意もあった。ムロンもグルネも、一国の外国貿易が規制されるべきものであることを認めていた。

続いて、フランソワ・ケネー率いる重農主義者が、より分析的な言語を用いて農業の優先性を擁護する議論を再構築し、いくつかのラディカルな政策的帰結を引き出した。土地のみが余剰を作り出すので、土地が課税の唯一の源泉であるべきであり、穀物の国内輸送に対するあらゆる国内的障害は取り除かれるべきである。重農主義者は啓蒙期において注目に値する唯一のフランス経済学者であるとたびたびみなされてきたが、それは誤りである。重農主義者はむしろ、ムロンを通じてボワギュルベールに遡る議論の系統を洗練し、ラディカルにしたのである。さらに彼らは、一七六〇年代から一七七〇年代にかけての穀物取引自由化策が立て続けに招いた政府の失敗を受けて、また、ナポリの経済学者フェルディナンド・ガリアーニが先導してディドロが支持した、より実用的なアプローチを要求する思想的反動を受けて、徐々に弱らされていった。

他の地中海諸国における経済思想の発展に及ぼしたフランス経済学の影響に目配りすると、重農主義に注意を集中させる過ちが際立つ。イタリアにおいて、ムロンの衝撃はグルネ・サークルが着手した翻訳を通じてすぐに補強された。ビュッテル゠デュモン版のケアリー『論考』は、アントニオ・ジェノヴェージの手になる『大ブリテン商業物語』*Storia del commercio della Gran Bretagne*（一七五七～五八年）としてイタリア語に重訳され、ジェノヴェージの「註記」も付された。後にジェノヴェージは自身の手による総合的議論として『商業講義』*Lezioni di commercio*（一七六五～六七年）を出版し、フランス人の議論をヒュームの貨幣論と組み合わせ、それを南イタリアの状況に適用した。派生の度合いがそれより少ないのはミラノの経済学者チェザーレ・ベッカリーアとピエトロ・ヴェッリであり、特に後者はイタリア人の中で最も思慮深い。しかしその彼もまた、主としてフランス人の議論と格闘していたのである。スペインでもムロンは参照点となり、一七四三年に（ヨーロッパで初めて）翻訳され、一七八六年に再び翻訳された。ジェノヴェージもまたそうであり、『講義』が一七八〇年代に二つの翻訳の素材となった。

重農主義者の考えがこのような議論に付け加わった時、それは彼ら以前の思想と混合された形態となった。この過程での主要な著作は、スイスの著述家ゲオルグ＝ルートヴィヒ・シュミット・ダヴァンシュタインの『普遍的立法原理』*Principes de la législation universelle*（一七七六年）であり、それはすぐにイタリア語に翻訳された。シュミットの著作はナポリで特に人気であり、そこでは一七九一年に別の翻訳もなされた。イタリアとスペインの両国において経済学を地域的状況に当てはめることは、「改革」と「改善」の鍵とみなされていた。それらなしには、両国が北ヨーロッパの商業諸国に追いつく見込みはなかったであろう。

その他の地域では、フランスモデルはそれほど説得力はなかった。十八世紀ドイツの経済思想は官房学に支配され続けた。官房学は次第に大学のカリキュラムへと組み込まれたが、最初はプロテスタント圏の北ドイツにおいてで、のちにドイツ南部とオーストリアでもそうなった。最初の教科書は、二人のオーストリア人、ヨハン・ユスティとヨゼフ・

フォン・ゾンネンフェルスにより、それぞれ一七五五年と一七六五年に執筆され、前者は『国家経済学』*Sttatswirthschaft* と題されていた。時とともにドイツ人も外に目を向けるようになり、重農主義の考えが一七七〇年代に議論され、一七九〇年代にはアダム・スミスの考えも議論された。もっとも、『国富論』の部分訳はより初期の、一七七六〜七九年にはすでに存在していたのだが。しかし重要なのは、スミスよりも自由主義の度合いが小さい彼のスコットランドにおける同時代人、サー・ジェイムズ・スチュアートの『経済の原理』*Principles of Political Economy*（一七六七年）が、『国民経済学原理』*Grundsätze der Staatswirthschaft*（一七六九〜七〇年）として翻訳され、『国富論』以上に注目されたことである。そこでの焦点は相変わらずドイツ諸領邦の経済的必要に基づいており、その必要に対応できるようにかの地の行政官を訓練することであった。十八世紀末になると「国民経済 national economy」の考えが目立つようになる。それは、ヨーロッパにおける経済的覇権をめぐって競合するフランスとイギリスの野心の狭間で、ドイツの自立を公然と守るためのものとして現れた。

啓蒙の経済学への最も有名な国民的貢献は、デイヴィッド・ヒュームとアダム・スミスという二人のスコットランド人によるものである。両者とも、自らの議論をフランス人の議論への応答として構築した。『政治論集』（一七五二年）におけるヒュームの経済論考の第一のものは「商業について」'Of Commerce' であったが、それは特にムロンに反論するものであった。他方で、スミスは重農主義を、『国富論』における批判（称揚されてもいる）相手として選出した。

ヒュームとスミスにとって、ヨーロッパの発展の鍵となるのは商業であり、農業ではなかった。フランスやイタリアのような「肥沃」とされる諸国にのみ通用する、別の発展の道など存在しなかった。商業は、財を農業生産者のために利用可能とし、生産性向上に必要な動機を付与するのみではない。海外から国内市場へと新規生産物を導入することを通じて、商業は製造業者を、彼ら自身の手で新しくより安い生産物を構想するよう鼓舞し、また動機付ける。それとともに生じるのが、分業の強化と技術革新であった。ヒュームが論じるには、このような基礎のもと、商業は低賃金水準を利用できる貧国に利益をもたらす。しかしそのことは、すでに豊かな諸国にとって長期的に不利に働くことはありそうにない。なぜなら、豊かな諸国は分業と革新で応ずることができるからである。国内商業のみならず国際商業は、ゼロサム的競争ではない。「ブリテンの臣民 a British subject」として、ヒュームは喜んで「ドイツやスペイン、イタリアそしてフランスさえもの商業の繁栄を願った」。

しかしながら、ヒュームもスミスも、ヒュームが「貿易の嫉妬 jealousy of trade」と呼ぶものがヨーロッパ諸国に広まっていることを認識していた。『国富論』において、スミスはそのことを「不自然で退行的な」経済秩序の歴史的帰結として説明した。スミスが理解している限りでの「富裕の自然的進歩 natural progress of opulence」とは、商業が、農業と製造業のあとに発展するはずのものであった。なぜなら、資本に対する収益は、国内・外国貿易よりも農業と製造業の方が大きいからであった。

しかしながら、ヨーロッパでは、野蛮人の侵略によるローマ帝国の滅亡後、より収奪的な主人へと農奴労働力の移動が生じた。新たな封建領主は、土地への投資という発想を持たないまま、多数の家臣を抱えた。海外の商人から彼らに提供された「安ぴかものやつまらないもの baubles and trinkets」で誘惑されたときにのみ、封建領主は家臣を解雇し、農奴を解放した。その時農奴は、自由な労働力を製造業者に提供するために、都市へと引っ越した。

この「不自然な」過程は、製造業者と、最終的には土地所有者にさえ、投資を動機付けるという有益な帰結を伴っていた。しかし、この過程は同時に、商人、特に海外の商人や貿易会社を、経済政策の推進者の座に据えることともなった。その結果が、スミスが「商人の体系 mercantile system」すなわち重商主義と名付けたものであった。その体系のもとで商人はだまされやすく無知な政府を説き伏せ、自由な商業を犠牲にして、彼ら自身の特殊利害が有利になるようにさせた。ヒュームと同じくスミスは、そのような「貿易の嫉妬」の鋭い批判者であった。「貿易の嫉妬」は、ヨーロッパとヨーロッパの世界貿易を、資源と市場の支配への欲求に駆り立てられた恒常的争いの場にしてしまう恐れがあった。

しかしながら、ヒュームもスミスも、社会にとって商業が有するあらゆる種類の利益を、確信していた。商業により、公共は自らを防衛する資源をより多く得ることを確実にするのみならず、それはヒュームが論じたように、労働者を含む諸個人が、かつてないほどの「生活の必需品あるいは主要な便宜品」をより多く獲得することを保証するものでもあった。スミスは一国民の富を一人当たりの所得として明瞭に定義し、その富の増加は完全に商業的な社会の顕著な特徴だと論じた。所有権の議論を結論付ける際にロックは、両アメリカの「大規模で豊かな領土の王」は「イングランドの日雇い労働者よりもよくない衣食住しか有していない」とみなした。スミスはこの見解を繰り返し、『国富論』冒頭章の末尾で、アフリカの王と比較した。そして、ロックがほとんど見通していなかった歴史的・経済的説明でこの比較を補強してみせた。商業社会においてのみ、すべての人々は暮らしが改善し、不作の恐怖から解放される。そうヒュームとスミスは論じた。

それとともにこのスコットランド人たちは、ルソーの近代社会批判に対する、最高度に強力な反論を提起した。不平等とその経済的・道徳的・政治的帰結を批判する際、ルソーは社会に経済的基礎があることを否定しなかった。ルソーが模索したのは、田舎と都市の「均衡ある」成長であった。この見解は、都市民の田舎への送還を求めたフェヌロンの手前で踏みとどまるものだった。しかしながら、ヒュームと、より十全にスミスが示したのは、そのような「均衡」はいかなるものであれ本質的に不安定だということであった。国防と両立しうる限りで自由になされる商業に従事してのみ、すべての人の生活の改善をもたらす成長が生み出されるであろう。商業を通じた成長は、否定することのできない道徳的負担をもたらすことがありうるのであるが、成長は人間の境遇をそれでも改善するものであった。

もちろん、スミスの『国富論』は、議論を完全に決着させはしなかった。十九世紀は措くとしても、十八世紀の最後の十年、二十年には経済学者の中からあまたの異論が噴出した。フランスの経済学者は、フランス革命勃発の前後に、スミスの議論がさらに強靭にするように思われたイギリスの経済的優位性への応答を、模索し続けた。これに対してドイツの経済学者は、イギリスとフランスの両国から自らを守ろうと、国内生産者を保護しながら商業の利益を刈り入れる「封鎖商業国家」の構想を求め、ルソーの示唆を用いた。しかしその頃にはもはや議論されなくなっていたのは、商業の持つ変革力であり、商業が解き放つ人間の勤労であった。こうして商業の学としての経済学は、近代社会とそのさらなる発展への見込みを理解する鍵となったのである。実際、経済学は社会のための新たな普遍的学問となり、かつてなら自然法学が要求していた思想空間上の地位を占めるようになった。

　私が示すのは、そこに、西洋思想への啓蒙の貢献の核心があるということである。すなわち、来世というよりも現世における、過去よりも現在における人間の改善を見込むものとしての経済学に、それがあるということである。それは、歴史的視座、すなわち「社会の進歩」の視座から考察された改善であった。それは自らの限界を自覚する視座である。啓蒙の経済学はどのようなものであれ、欠乏の克服や、富と地位へのアクセスの平等な達成に至るほどの、無限の成長を約束するものではなかった。すべての人が平等で独立した閑暇を享受できるというマルクスのユートピア的、科学技術的見解は、啓蒙の歴史家や経済学者のものではなかった。啓蒙の哲学者や歴史家、経済学者はおしなべて、商業への絶え間ない妨害、特に誤った情報に基づく短期的視野を持つ政府による妨害の存在を、十二分に自覚していた。それでも彼らが楽観的であったのは、近代の商業経済の活動が非常に多様であり、世界中の非常に多くの諸個人の諸決定を求めるので、いかなる政府による支配も今日では不可能になっていると考えたからであった。彼らが信じていたのは、「国民的政治に対する経済的制約」が実際に存在することであった。それが、『国富論』においてスミスが有名な信念を表明した理由を説明するものである。

すなわち、「自分の状態をよりよくしようとする各個人の自然の努力が、自由にかつ安全を保障されて、実行を許されるならば、きわめて強力な原理であって、それだけでなんの助力もなしに、社会を富と繁栄に導くことができるばかりでなく、その作用をあまりにもしばしば妨げる愚かな人定法の、つねに多かれ少なかれ、その自由を侵したり、その安全を減じたりする多数の不適切な障害を克服することができる」(Adam Smith, *An Inquiry into the Nature and Causes of the Wealth of Nations*, ed. by R. H. Campbell, A. S. Skinner, and W. B. Todd, (Indianapolis: Liberty Fund, 1981), IV. v. b. 43(水田洋・杉山忠平訳『国富論(三)』(岩波文庫、二〇〇一年)、七八頁)。

この信念のもとでの政治的議論は、政府は社会に耳を傾けるべきであり、社会の「意見」に導かれるべきだとする。第四章で検討するように、政治的影響はいまや世論を通じて行使されねばならないとするこの信念は、啓蒙による政治へのアプローチに特徴的なものであり、その新たな力を構築するものであるとともに、最後には、その致命的弱点ともなるものであった。

第四章　公衆を啓蒙する

啓蒙思想家が社会や経済、宗教や政治を理解するために投入した知的努力をふまえるとき、彼らが自らの社会に対してどれほどの衝撃を有したか、つまり彼らを結びつけていた大義を促進することにどの程度成功したかを問うことは、歴史家にとっては当然のことである。歴史家が真摯な啓蒙研究に取り組み始めた二十世紀中葉の時点では、研究の焦点は啓蒙思想の直接的な政治的応用に置かれていた。このことが不可避的に、啓蒙と革命の関係性に歴史家の目を引きつけた。十八世紀のまさしく最大の出来事であるフランス革命の説明が、特にフランスの歴史家にとっては優先事項だった。だが革命には改革の先例が、というよりは改革の失敗の先例があった。もっと多くの啓蒙思想家が、フランス革命においてそうするのと少なくとも同程度には改革に直接関与し、為政者、特に国王や君主の政策に影響を及ぼそうとしていたのである。

こうした連携を形容するために、歴史家たちは「啓蒙専制」という、あるいはもう少し悪言の程度の小さい「啓蒙絶対主義」という語を造り出した。この事項のもとで明らかに注目を浴びるにふさわしい人物は、十八世紀の最も卓越した為政者だった三者である。プロイセンのフリードリヒ二世（在位一七四〇〜八六年）とロシアのエカテリーナ二世（一七六二〜九六年）はともにフィロゾーフを個別に自らの宮廷へと誘った。両名に輪をかけて急進的だったのはオーストリア＝ボヘミア＝ハンガリー皇帝ヨーゼフ二世（一七六五年から母のマリア・テレジアと共同統治を行い、一七八〇年から一七九〇年にかけては単独で統治した）である。

しかし一九七〇年代以降、歴史家たちの焦点は啓蒙の政治史から社会史へ、さらに近年では文化史へと移行した。現在では、啓蒙の衝撃という問題は社会慣習と印刷文化をめぐる問題の一つと見なされている。つまり、社交制度や出版産業そして読者が、今や耳目を集めている。ただ、これらの主題に関する調査から多くのことが分かってきた反面で、啓蒙の文化史には知識人の姿形を埋没させてしまいかねない危険が伴う。哲学者たちの主張を、それを伝え合う制度やメディアに従属したものとして取り扱うからである。

本章で私は、啓蒙思想が形成され伝承された文脈に関して、歴史家たちがこれまでに何を明らかにしてきたのかを概観したい。もっとも、啓蒙を特徴付けるものは「公衆」との関係における哲学者・文人の媒介作用に他ならないと、私は主張するつもりである。彼らが求めたのは「世論」形成者としての自己の新たな役割であり、公衆を導く手段としてだけでなく、政府が達成しようとした事柄を効果的に製肘する手段としても理解される役割であった。最終的に私は、啓蒙と革命の関係性という古典的問題に回帰するつもりでいる。それはしかし、フランス革命に突如襲いかかられ、直接的政治行動の革命的勃発で終焉を告げられたものとして啓蒙を眺めるべきだと主張するためである。

「公共圏」

啓蒙と社会との関係を軸とする歴史的理解を形づくるうえで、「公共圏」以上に大きく寄与した概念は他にない。この概念は、一九六二年にまずドイツで出版された『公共性の構造転換』*The Structural Transformation of the Public Sphere* において、若きドイツ人哲学者ユルゲン・ハーバーマスが造り出したものである。「公共圏 public sphere」はドイツ語の Öffentlichkeit に代わるものとして英訳で使用された語である。Öffentlichkeit は「公衆 public」や「公共性 publicity」と訳すこともできる。

出版された当初、本書は啓蒙をめぐる哲学論争に一定の貢献をした。この点の重要性は第五章で再び論じよう。しかしながら、英訳が現れる頃（一九八九年であり、一九七八年の仏訳に続いた）になると、本書は歴史家の着想の源ともなっていた。それはマルクスとヴェーバーの伝統に属する歴史社会学者ハーバーマスが、十七世紀末および十八世紀からかき集めたふんだんな歴史的証拠の集合にこそ、自らの主張の基礎を据えていたためであった。

彼の主張は概してマルクス主義的に見える。「封建」社会では、貴族、教会、王侯支配者が

「公共」を独占し、芸術や書物メディアを用いて「公共」の現出を統制した。資本主義的社会関係の到来とともに、初期の「ブルジョワジー」は家庭内の「私的」自立圏を耕し始めたが、当初は家庭外で自立を表現する手段を持ち合わせていなかった。しかし一七〇〇年頃になると、印刷物の流布、そして社会化のための新しい空間の創出を通じて、そのような手段が利用可能となった。

徐々に、かつてはブルジョワ家庭の私有圏であったものが外に出て「公共圏」へと拡張し、教会や宮廷や政府から独立した空間を占めるようになった。最初、この公共圏は「文芸的」なものにすぎず、著述の新ジャンルや拡大する読者層の内部で表現された。それが「政治的」なものになったのは、ブルジョワジーが政治権力の分け前を要求する準備を整えたときであった。哲学的想源はカントにおける啓蒙圏としての「公共」概念にあったとはいえ、ハーバーマスは圧倒的多数の証拠を英語文献、特に十八世紀初頭の雑誌『スペクテイター』から入手した。この親英的な公共圏の素描が英語圏の歴史家に大いに受けたとしても、別段驚くには当たらない。そうした好評は、十八世紀初頭のブルジョワ文化を十九世紀後半および二十世紀の堕落した大衆文化とみなしうるものに対比させるという、ハーバーマスの立論の郷愁漂う性格を通じて、いっそう強められた。「公共圏」の概念は、十八世紀と、そして啓蒙とに、新鮮味のある重みを付与したのだった。

もちろん、イングランドは啓蒙の伝統的中心地ではなかった。言ってみれば、イングランドの公共圏はハーバーマスが想像したよりもはるか以前に政治化されていた。一六九五年に出版検閲法が失効して以来、印刷物を用いた政治論争は規制に服することがほとんどなかったし、かの『スペクテーター』でさえ政治的意図と無縁ではなかったのである。だが歴史家たちにとってはこれまで、全ヨーロッパ的な啓蒙の社会史ないし文化史に向けられた人気上昇中のあまたの研究手法に「公共圏」の概念を適用可能だった。さらに一言しておけば、ハーバーマスが提案した「文芸的」公共圏と「政治的」公共圏のあいだの区別は、特殊ブリテン的な状況以上に大陸ヨーロッパの発展に適合したのである。

したがって一九八九年以降になると、啓蒙がかつて盛んだった社会に対して啓蒙が与えた衝撃を歴史家たちが考察し評価するためのレンズとして、公共圏はあっという間に自らの地位を確立した。とはいえ、歴史家が公共圏と結びつけた諸制度が啓蒙にとって果たして本当に有効な媒介物であったかどうかの答えは、つねに自明とはかぎらない。

社交の制度

政府や宮廷から独立した公共圏が出現するに当たって決定的に重要だったのは、社交の制度であった。社会の上流階層と特に中流階層における高水準の可処分所得が、自発的社交のための新しい機会を創出した。これらの階層出身なら、男性も女性も、友人知人に会うためだけに出かけるくらいの余裕があったし、スキャンダルを引き起こすことも政治的陰謀を露見させることもなく会話を楽しむことができた。こうした制度が都会的なものであったことは明らかである。田舎の社交は教会内か隣家訪問に限られがちだったからだ。ただし、街や都市は単に地理的な場所であったにとどまらない。そこには公共の娯楽設備や印刷所、書店や診療所があり、それらは知的で文化的な活動を支える私有財産と併せて一つの資源を形づくっていたのである。

新しい社交制度のうち、新しい公共圏と最も密接に結びついていたのはコーヒーハウスである。公衆に売られるコーヒーは十七世紀半ばにトルコからヨーロッパに紹介され、最初のコーヒーハウスは一六四五年にヴェネチアで開業した。しかし、コーヒーハウスが最初に普及したのはイングランドだった。一六五〇年にはオックスフォードに一軒のコーヒーハウスができ、すぐにロンドンで広まった。パリがそれに続き、一七二〇年までに約二百八十軒、一七五〇年までに約六百軒、一七八九年までには約九百軒を擁した。十八世紀を通じて、コーヒーハウスは全ヨーロッパ大陸に拡散した。

酒場よりも静かで秩序立てられたこの場所にこそ、社会化の新しい空間が存在した。この空間は、まもなく、自ら意識的に自己のエチケットを整えていった。「礼節 politeness」の価値は、階層秩序への敬意がつねに最も大切だった宮廷という元来の舞台から移設され、コーヒーハウス常連客のあいだの秩序ある会話を成り立たせる要件として再構成された。そこでの会話は読むことに基礎を置いていたようである。『スペクテイター』を先駆とする雑誌ジャンルは、理想的なほどコーヒーハウスの環境に適していた。長さのうえでも形式のうえでも、雑誌は会話に資するものとして読まれたわけである。雑誌記事は楽しませることを意図し、宗教的あるいは政治的な党派性を避けてはいたが、流行から田舎での気晴らし（つねに都会者の関心を集める）、成長する公信用といった新たな公共現象にいたるまで、一般の関心事となりうる問題をコーヒーハウスの読者に投げかけた（図10）。

コーヒーハウスとその類似物、例えば、差はわずかだがコーヒーハウス以上に評判が良かったかもしれないチョコレートハウスは、まもなく、そこで販売される刺激物と同じく自身が文芸の対象と化した。特にコーヒーはエスプリ、つまり精神の俊敏さと結びつけられ、『百科全書』の「カフェ Caffés」の項は「精神の工場」としてカフェを描こうとした。文人たちが個々のコーヒーハウスを植民地化する一方で、コーヒーやチョコレートの品質も学問的探究の対象とされた。ただし、そうしたことについて著述する人々は、コーヒーやチョコレートが消費される環境にふさわしい構え、風刺に機知で応じる準備万端の構えで、ものを書かねばならなかった。コーヒーハウスは新形式のジャーナリズムに市場を提供したにとどまらない。それは哲学者たちに、彼らの仲間よりもはるかに多数の公衆のもとに到達する手法で著述することを、教えたのである。

歴史家の幾人かが、新しい公共圏の出現および啓蒙思想の伝播と結びつけようとしてきた制度の第二は、フリーメーソン集会所である。フリーメーソンの始まりは石工同業組合にあった。

図 10 「コーヒーハウスの政治家たち」。ロンドンのとあるコーヒーハウスの風刺画（1772 年）。政治ニュースや政治論の中心地としての評判が画面に映し出されている。

石工業との結びつきは、エルサレム神殿建設の理想化、すなわち神殿の建築師ヒラムと、ユダヤ人がバビロン捕囚から帰還したのちの再建者ゼルバベルの祝福を通じて、保たれた。この運動の少なくとも表向きの大望は、バベルの塔を再建して世界に調和を取り戻すことに他ならなかった。

新手の集会所第一号は、より広範かつ高位高層に属する会員を伴って一五九九年のスコットランドに設立された。この思想は十七世紀中に南下してイングランドで広まり、一六七〇年には最初のロンドン集会所が設けられた。だが、制度的運動としてのフリーメーソンが勃興し、大陸のいたるところに集会所が設立されていくのは、十八世紀のことであった。一八〇〇年までにフランスだけで九百の集会所を擁し、会員は四万から五万人いたと見られる。ヨーロッパ全体ではさらに数千もの集会所が存在した。集会所は互いに様々な点で異なっており、例えば従事する「儀式」の違いや社会構成の違いがあった。多くの集会所では、あからさまに平等主義的な会員資格の性質が高貴な者の参加割合の高さと矛盾を来していた。とはいえ、フリーメーソンの成長の急速さとその拡散範囲は、上位からの促しや妨げなしに自発を基礎として結合したヨーロッパ富裕層における新しい自由の存在を、印象的に証立てるものであった（図11）。

にもかかわらず、フリーメーソンを公共圏と結びつけようとすると、明らかに困難な点があらわれる。会員に課す秘密主義がそれである。秘密主義は、自らの臣民の自主的かつ自発的な集会に不慣れな為政者たちに、フリーメーソンへの疑念を抱かせた。教皇はさらに進んで、フ

図11　フリーメーソン。フランスの集会所を描いたもので、会員たちが新しい「親方」を受け入れようとしている場面である。フリーメーソンの儀式の支度品や、男性のみの会員資格に留意されたい。

リーメーソンに異端か、さもなければ不信心の嫌疑をかけた（聖書から着想を得たことからも明らかなように、実際のフリーメーソンはキリスト教に対峙するものではなかったが、しかしユダヤ人やイスラム教徒を排除した）。これらもろもろの疑念が、特に十八世紀半ばの数十年間におけるイタリア諸国家でそうだったように、折に触れて運動を抑圧しようとする試みを促したのである。世紀も終わりに近づくと、バイエルン起源だがイタリアへと南下したフリーメーソンの急進派である「光明派 Illuminati」が、疑念という火に油を注ぎ込むことになった。

しかしたいていの場合のフリーメーソンは、既存会員が新会員の受け入れを統制するという意味で排他的な会員限定の一組織という以上の、働きをした。会員資格の利点は、集会所同士が便宜をはかることによる会員の相互承認と、その後に続く多角的なやり取りであった。旅に出た会員は訪問地の集会所に支援を求めることができた。つまり、会員資格はある種のパスポートを提供していたようなものだった。

多くの哲学者たちも会員だったが、全員ではなかった。ヴォルテール、マンデヴィル、ヒュームは運動を嘲笑した。マンデヴィルの見解によれば、フリーメーソンの人々は自らの集会所に参列してその神秘を唱えるものの、彼が見るかぎり、彼らはその場で、フリーメーソンの一員になるという以上のことを何も行っていないのであった。懐疑的な歴史家〔ヒューム〕だったら、いったいどんな知的目的のために会員資格が役立つのかを看取するのは困難だと、さらに一言付け加えていたかもしれない。これまでの章で叙述してきた宗教と社会をめぐる議論の数々に対して、フリーメーソンが何らかの想源となったり導線を有していたりしたかどうかについては、はっきりしない。

公共圏と結びついた第三の制度であり、長らく啓蒙における社交性の極致とみなされてきたのが、サロンであった。サロンは十八世紀半ばのパリで繁茂し、この都市の指導的文人たちを数多く引きつけた。サロンは、ジョフラン夫人、ジュリー・ド・レスピナス、かのフィロゾーフの妻エルヴェシウス夫人、スイス人銀行家ジャック・ネッケルの妻ネッケル夫人など、良家出身か、あるいは裕福な、一握りの「女主人 salonnières」の手で切り盛りされた。こうした女性たちの知的媒介作用、つまり、自分が出席を呼びかけたり友人（ときには愛人）となったりした文人の会話を鼓舞し、また方向付ける作用に関しては、ディーナ・グッドマンが強力な主張を行ってきた。グッドマンによれば、サロンは、女性たちが知的に重要で卓越した役割を果たす場として機能する公共圏を形づくったのである。

この主張は誇張気味のように思われる。アントワーヌ・リルティは、女主人の持つ発議の自由は社会的プロトコルによって制限されていたと説明したうえで、地位への不滅のこだわりと結託した「社交生活 mondanité」の貴族風文化に、サロンがどれほど深く結びついたままだったかを強調した。文人たちがサロンに出席したのは、サロンが恩顧の可能性を提供してくれたから、そしてサロンと結びつけば今以上に高い社会的地位を与えてくれたからであった。しかしサロンは、文人たちの知的ないし政治的目的に適合させられる文化ではなかった。事実、文芸的サロンはそもそも十七世紀の制度であって、十八世紀の制度ではなかった。それどころか、女性の知的主導性が尊重されたのはむしろ前者においてこそだったのである。これは「精神に性別はない」としたデカルトの命題のおかげであった。対照的に、十八世紀のサロンの女主人たちは前世紀に比べて控え目になり、社会的には貴族政に、知的には文人に依存するようになった。結局のところ、サロンは公共圏の制度でもなければ、啓蒙の主要な手段でもなかったわけである（図12）。

パリのサロンが、幾人かがそう考えてきたようには女性の知的主導性のための舞台ではなかったとしても、ロンドンがパリ以上に好ましい文脈を提示したことが、今では明らかになっ

図12　サロン。「聖堂での四鏡のサロンにおけるイングランド風の茶会」(1766年)、ミシェル＝バルテルミ・オリヴィエ（1714～84年）作。このサロンは、驚くほど美麗で、かつ天井の高い部屋で催されている。

ている。ロンドンでは「青鞜派」として知られるグループが自らを世に認めさせていた。シェイクスピア批判でサミュエル・ジョンソンの不承不承の敬意を勝ち取ったエリザベス・モンタギュ（一七二〇～一八〇〇年）に率いられたこのグループには、歴史家キャサリン・マコーリ、著述家エリザベス・カーターならびにアン・レティシア・バーボールド、芸術家アンジェリカ・カウフマンが含まれていた。

信仰上の急進的な「国教反対」が、女性の知的野心を支える別の社会的文脈を準備した。メアリ・ウルストンクラフト（一七五九～九七年）と小説家メアリ・ヘイズは、両者ともにロンドンのユニテリアン派とリベラルな長老派の団体で活動した。しかしながら、フランス、ドイツ、スペインのような他の場所では、そのような自由はなかなか維持できなかった。主導権を握ること、とりわけ女性教育の大義を前に進めることは、個々人には可能だったとはいえ、女性の知的政治的活動のための新しい社会空間がフランスに存在しえたのは、革命後の一七九〇年代のことだったのである。

いずれにしても、男性だけでなく女性の著述家のための機会の増大は、新しい社交制度のおかげというよりもむしろ、印刷文化の拡大のおかげだった。社交制度には人気があったが、公共圏を創造し、かつ維持したものが何であったかといえば、それは出版業者と印刷業者の努力の方だった。

印刷文化

十八世紀には、印刷技術についても出版組織についても、特に大きなイノベーションは起こらなかったが、出版事業の規模と複雑さに関して変容が生じた。数々の発展の跡をとらえて出版「革命」を口にした歴史家たちもいる。それは構造変化の幅を誇張しているように思える。というのは、趨勢としては出版業が次第に印刷業から切り離されていったにしても、産業自体はあくまで柔軟であって、印刷、出版、書籍販売のあいだの分業は決して明瞭ではなかったからである。否定できないのは生産高の拡大であり、出版本の冊数は十八世紀を通じて増加した（図13）。

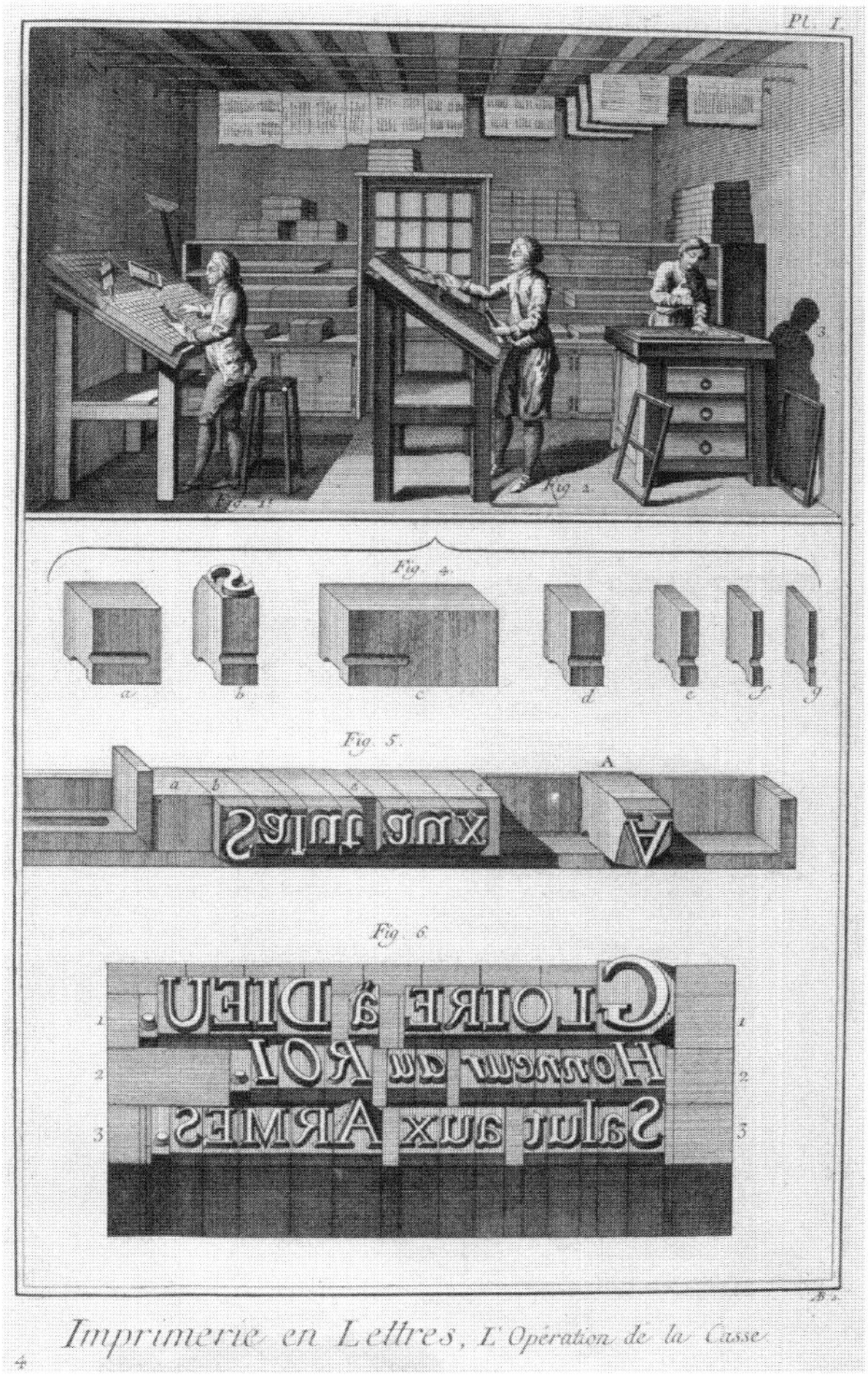

図 13　印刷所。『百科全書』と一緒に出版された図版集（1762 ～ 72 年）より、印刷所における活字組み。

既存種は成長を続けた。聖書、説教録、信心書、暦書はみな、それまで以上の数が出版されている。だが、総数に占める宗教書の割合は著しく落ち込んだ。ドイツでは、そしておそらくはフランスでも、一七四〇年には四十パーセント弱だったものが一七七〇年までに約二十五パーセントに落ち、一八〇〇年を迎える頃には十四パーセントにまで低落したのである。ラテン語の書物も、冊数は増加したにもかかわらず比率は低下するというパターンを示した。定期刊行物や小説、歴史書や暴露本、特に後ろ三者は「物語」の形態をとっており、読み物の多様化に敏感な男女一般読者層に訴えかけるところが大きかったのだが、先のパターンの理由を説明してくれるのは、こうした出版物の増加である。

出版業者は哲学や経済学の論考も引き受けたから、多様性はさらに大きかった。歴史ほどには売れそうになかったとしても、そうした出版業者たちも時には報われることがあった。アダム・スミスの『国富論』は十八世紀基準で言えばベストセラーだった。大学の教科書も他の書物と同様に今やますます自国語で書かれるようになり、販売数は増加していた。鍵は判型の選択にあった。歴史書や哲学・経済学の論考は、初め四折判で出版されることが多かったが、やがて八折判か、十二折判にさえ縮小されていき、このことが出版業者のコストと買い手にとっての対価を引き下げたのである。『国富論』の最初の二つの版はロンドンのウィリアム・ストラーンとトマス・カデルにより四折判で出版されており、およそ七百五十部ずつ刷られ、一部当たり二ギニーもした。しかし第三版は八折判で千部刷られ、一ギニーで売られた。

歴史的に見て、出版業者は様々な形態の排他的特権を確保することで自らの投資を担保してきた。例えばフランスでは、王立出版局がパリその他主要都市の出版同業組合にそうした諸特権を認めていた。ブリテンでは、一七一〇年の議会制定法で導入された著作権（十四年で、著者が存命であればさらに十四年間の更新が可能だった）を一七七四年の請願に当たって貴族院が擁護したことで、フランスにおけると同様の目的がいくらか達成された反面、著作の原所有権は著者に移転した。こうした法的保護はしかし、比較的大きくて首尾一貫した司法制度の中でのみ有効だった。ドイツの大部分がそうだったように、司法単位が小さい場所での法的強制にはかなりの困難が伴った。ブリテン本土においてさえ、出版業者は同業者間のほとんど公式の申し合わせによって自らのビジネスを保護していたし、しかも、ダブリンや北アメリカ植民地で自らの書物が何の埋め合わせもなく再版されていくのをくい止める術は何もないことを、思い知らねばならなかった。『国富論』の八折判は最初の四折判がロンドンに出現してから数カ月も経たないうちにダブリンで出版され、価格の方も、競い合うかのようにして一ポンド未満に設定されていた。ストラーンとカデルはいきり立ったが、まず困窮することはなかった。彼ら自身の八折判が連合王国の内側での彼らの地位を回復させたからである。他方で、著作自体ははるかに広く手に取られていた。

啓蒙のあらゆる出版企画の中で最高度の注目に値するものは、ダランベールとディドロの『百科全書』であった。元来の出版業者だったアンドレ・フランソワ・ル・ブルトンが本文十七巻の初版と追加の図版十一巻を担い、そのすべてが一七五一年から七二年にかけての期間に二折判で出版された。製本が高くついたにもかかわらず、また、一七五七年には検閲体制の危機により中断を余儀なくされたにもかかわらず、この冒険的事業にはそれを補って余りあるうまみがあった。一七六八年にル・ブルトンは後続版の権利を売り払ったが、その頃までに粗利でおよそ二百五十万リーヴルも稼いでいたからである。

もっとも、ロバート・ダーントンが明らかにしたように、『百科全書』の出版をめぐる真の英雄はル・ブルトンから権利を買い取った人物、すなわちシャルル＝ジョゼフ・パンクークであった。一七七一年から七六年にかけての期間に二折判の第二版を出版したのち、パンクークはルイ十六世のお墨付きで十二年間の「特権」を獲得し、これによって彼と、彼の共同出版業者だったヌーシャテル活版印刷協会は、関税を払うことも検閲に服することもなく新版の『百科全書』をフランス国内に輸入できるようになった。パンクークは競争相手と取引するため、そして究極的には彼らを打ち負かすために、この特権を利用した。彼はまず、四折判の出版機会をうかがっていたジョゼフ・デュプランと手を組んだ。これは一七七七年から七九年にかけてジュネーヴおよびヌーシャテルで出版され、経費の百二十パーセントもの利益を生んだ。次に彼は、一七七八年から八二年にかけてローザンヌとベルンで八折判を出版した業者たちを罠にはめ、八折判の刊本で彼に埋め合わせをするよう強制し、彼はそれをただちに市場で「投げ売りした」のであった。

パンクークはこうした非情な事業のすべてでかなりの儲けを上げたが、それは読者をも利した。一七八九年までに、フランスには一万四千部から一万六千部にも上る『百科全書』の刊本が存在していたと見られる。四折判および八折判の諸版が利用可能になったことで、文人のみならず、より広く、地方の中流階層や行政官、ブルジョワジーや聖職者でも手が届くようになった。『百科全書』はフランス中でよく売れたと見られるが、特に知的生活を支える制度、すなわち高等法院や地方のアカデミーが存在した土地での売れ行きが最もよかったようである。

印刷物の生産ならびに流通の統制に関して、明確で、かつ揺るぎない利害を有していたのは、もちろん聖俗の権力者たちだった。ローマ・カトリック世界では、教会が禁書目録を保持し続けた。プロテスタント諸教会は適切な統制を世俗の行政官に委ねたが、三位一体教義の否定が十七世紀中に連合州とイングランドの双方で非合法とされたのをはじめとして、越えてはならない一線が存在することは明白であった。さらに言えば、どの土地の世俗権力もおしなべて、出版業の取り締まりは書籍の中身にまで及ぶことを前提としていた。経済的規制が検閲と手を携えて実施される産業、それが出版業であった。

しかしながら、密接なつながりは失敗のもとにもなる。出版業に対する厳格な統制は、成功しすぎたがゆえに維持できなくなったからである。イングランド政府ほどに膝を屈した政府は他になかった。一六九五年に検閲法が失効して以後に出版の自由に対して課せられた主な制約と言えば文書誹毀関連諸法であり、これらは党派的な政治目的に悪用されもした反面、知的生活にはごくわずかな影響しか与えなかった。対照的に、フランスでは出版業監督局長がおよそ百人の閲読者を雇用して出版前書籍のチェックに当たらせたものの、一七五〇年を迎える頃にはそうした組織の不適切さが明るみに出ていた。一七五〇年から六三年まで監督局長を務めたマルゼルブは斬新なしなやかさでもってこの事態に対処した。彼こそが『百科全書』第一巻に「特権」を認めた人物であり、また後年、公式の認可を下すことなく著者と出版業者をその後の訴訟などから保護する「暗黙の許可」の概念を導入したのも、彼であった。『百科全書』の後続巻のみならず、哲学や経済学の諸著作をも含む一群の啓蒙出版物が、その受益者となった。

ドイツでは、数多の小国家において多少とも抑圧的な統制が行われたが、統制の多様性が存在したために、著者は出版業者を確実に見つけ出すことができた。特に重要なのはフリードリヒ二世のプロイセンが比較的寛容だったことである。禁書目録でさえ圧力に屈した。新たな著作の「洪水」とりわけ小説の出現に直面して、一七五三年に教皇ベネディクト十四世ことプロスペロ・ランバティーニは大改革を宣言した。頂点に上り詰めるまでの彼は、不審書の閲読者として禁書目録聖省に奉職していたのに、である。目録の廃棄（それは二十世紀後半にいたるまで起こらなかった）は問題にならなかったものの、今や、著者による自己検閲の奨励や信心深い読書の勧奨を戦略とせざるを得なくなったわけである。

検閲がもはや基本的には継続不可能になったとしても、政策的矛盾が著者および出版業者を阻み続けた。フランスでは、出版業監督局長がパリ高等法院に対して責任を負う警察と相並んで動いたせいで、不可避的な帰結として制度上の対抗関係が生じた。『百科全書』に認められていた特権の取り消しを一七五七年に強要し、出版を数年にわたって差し止めたのは、そしてエルヴェシウスとルソーの著作を発禁にしたのは、他ならぬパリ高等法院だった。イタリアでは、禁書目録の運用に携わる自前の官吏がローマ以外におらず、日に日に困難が強まったように見受けられる。だが教会は決して音をあげなかったため、著者と出版業者はしばしばローマとの妥協を余儀なくされる為政者たちに引き続き頼らざるをえなかった。ジャンノーネはサヴォワ公爵に拉致されて囚われの身となり、その間に教会は彼の『ナポリ王国市民史』を禁書にするだけでなく「三王国」草稿も押収したが、彼のこの運命は不滅の教訓の一つとなった。ジャンノーネほどはっきりとした教会批判が再びナポリ王国内で聞かれるようになるのは、一七八〇年代に入ってからのことである。連合王国と連合州の外では、啓蒙の指針に沿った作品の出版は、著者の度胸と、それから出版業者の主導性を、なおも必要としたのであった。

書籍市場の成長は識字読者数の増加を前提にしていた。推計は大雑把だが、歴史家たちの信じているところでは、フランスでは一六八六〜九〇年から一七八六〜九〇年にかけて男性識字率が二十五パーセント強から五十パーセント弱へと、また、女性識字率が約十四パーセントから二十五パーセント超にまで上昇した。イングランドでは、両性の識字率は十八世紀末までにフランスを上回り、それぞれ六十パーセントと四十パーセントに達していた。スコットランドではさらに高く、男性のそれは六十五パーセントに届いていた。もっとも、こうした集計量は差異の多くを覆い隠してしまう。特に重大な差異の一つは都市部の識字率が際立って高かったことである。さらに言えば、啓蒙著述家ならびに出版業者たちにとってそれ以上に重要だったのは識字の質であった。この点では教会と国家の双方が建設的役割を果たした。ローマ・カトリックを含む全教会が俗人の読書に対する自らの疑念を和らげたし、政府は学校や諸大学に目を向け、法律および医術の伝統職に従事する者ばかりでなく、文字と数字が読める官吏をそれらの場所にあてがった。

識字は、一般男女が哲学者や小説家の著作を読むことを可能にしただけではない。それによって彼らは応答することをも、つまり問い返すことをも促されたのである。著者のみならず読者に媒介機能を付与したうえで、テクストは著者の意図から逸脱するのだと指摘することに熱をあげる、一部の歴史家や識字研究者たちのあいだで、読者が何をどのように読んだかという問題が次第に関心を集めつつある。

十八世紀パリの飲食を主題にしたエマ・スパーリによる群を抜く文芸研究が明らかにしたのは、明白に「科学的」な信認をそなえた者たちの権威が、専門家の意見を受け入れようとしない低級作家たちから繰り返し挑戦を受けた事実である。ヴォルテールやビュフォンその他の人物が理解していたように、飲食は、コーヒーも蒸留酒も、嗜好の問題であると同時に哲学の問題だった。台所関係だろうと「啓蒙されている」と見なされた事柄は論争にさらされ続けた。他の場所と同じくここでも、欲求の増殖に反対したり奢侈を放縦になぞらえたりするルソー流の干渉や非難がとある琴線に触れた途端、他の誰にも真似できない仕方で読者を応答者に変貌させるのだった。

啓蒙著述家

ブルジョワ印刷文化はかくして、とめどなく拡大する出版選択の幅と、応答能力に自信を持つ読者たちとを、作家たちに与えたのである。しかし十八世紀の印刷文化は、これと少なくとも同程度には、著者の継続的で独立した媒介機能のために多くのことをなした。いくつかの理由のために、近年、思想史と文芸史におけるオーサーシップは低く評価されるようになってきている。多くの学者が、著者の意図として想定されるものに従う義務のないテクストそれ自体の研究か、他のテクストとの関連、すなわち「間テクスト性」の研究に焦点を当てるようになっている。別の学者たちは読者に力点を置き、読者による作品理解を著者によるそれの上位に据えている。また別の学者たち、文化史家あるいは印刷史家たちは、物理的対象としての書籍の出版と流通とに注意を集中させている。だがオーサーシップが著述家にとって問題だったことは明らかであるし、印刷文化の内部での様々な発展が著者に、新しい地位や独立性、そして文芸的権威を与えたこともまた、明らかなのである。

こうした発展の中で最もはっきりしているのは、表紙に著者の名を記そうとする強い意向が働いたことである。名前の横に肩書きが、例えば著者の学位の略号や著者を一員とするアカデミーや協会の頭文字が添えられることもあった。著者がかなり富裕な場合、または出版業者が儲けを十分に確信している場合には、著者の肖像版画が扉を飾ることすらあった。もちろん、匿名が好まれる状況は続いていた。新人著者が、自らがどう受け止められるかを不安に思う場合や、検閲官の注意を引きつけてしまいそうな場合、女性著者が自らの身をさらすのを恐れる場合などである。とはいえ、著者を同定する方法は表紙に名前を掲げる以外にも存在した。すなわち、序文で名を挙げたりほのめかしたり、当該著者の過去作に言及したりする（「過去の某作品の著者によって書かれた」）ことによってである。これらすべてが、読者に対する著者の地位を確かなものにした。

著者と出版業者が著者の作品を読者に認知させるために採る別の方法としては、判型の選択もある。これはすでに見たように経済的判断ではあったが、同時に地位も保証したのである。スコットランド啓蒙出版業の堂々たる研究の中でリチャード・シャーが示したように、『人間本性論』および初期の『論集』の売れ行きのまずさと影響の小ささに不満を抱いたヒュームは、エディンバラとロンドンの出版業者たちを説得し、二編の哲学的『研究』と『論集』の各巻を『様々な主題に関する著作集』に再装幀させることで、これに対処したのだった。一七五三年に廉価な四巻本の十二折判として刊行された本書は、ヒュームの著作としては初めて、認知を得たという意味でかなりの数が売れた版であった。もちろん別の版がこれを補わねばならなかったが。一七五八年には四折判の一巻本で『著作集』が出版された。この四折判は、ヒュームが自らの哲学および経済学に与えられるべきと自負していた知的尊敬の度合いを表現し、かつ投影したものである。

読者には見えなくても、著者にとって重要な事柄は何かと言えば、出版の金銭的報酬であった。先のシャーは、出版業者との交渉を通じて著者たちがおおよそどれだけの儲けを得たかを示している。スコットランド人で最大の成功を収めたのは歴史家ヒュームとロバートソンだった。両者は著作権から利益を引き出した。ヒュームは各版の権利をそれぞれ固定額で売却し、『大ブリテン史』*History of Great Britain* 第一巻から第二巻に移った際のように（一七五四年と一七五七年）（図14）出版業者を変更する自由を手にした。合計すると、上記の版と（『大ブリテン史』を組み込んだ）『イングランド史』*History of England*（一七六二年）とで、ヒュームは四千ポンド以上、ことによると五千ポンド以上稼いだのである。

ヒュームの流れに乗ることで、ロバートソンはさらに上手を飛んだ。各歴史書の著作権をストラーンとカデルにあらかじめ売却しておいたことで、第一作である『スコットランド史』*History of Scotland*（一七五九年）こそ六百ポンドという低額に甘んじたものの、後続の『カール五世史』*History of Charles V*（一七六九年）および『アメリカ史』*History of America*（一七七七年）の四折判については各々千ポンド以上を受領した。シャーの計算によると、ロバートソンは今日の七十万ポンドに相当する総額を稼ぎ出し、スコットランド啓蒙著述家の稼ぎ頭となったの

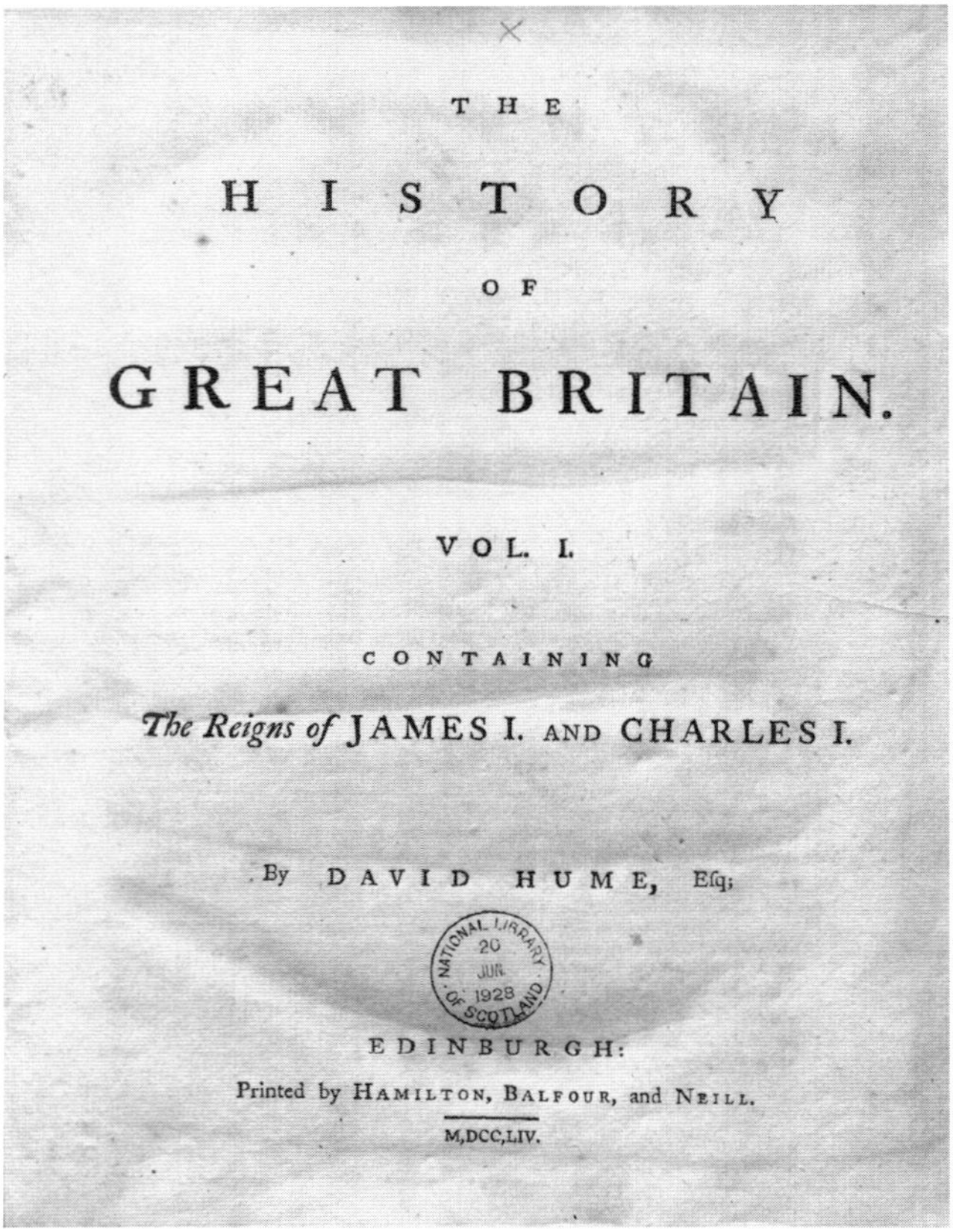
THE

HISTORY

OF

GREAT BRITAIN.

VOL. I.

CONTAINING

The Reigns of JAMES I. AND CHARLES I.

By DAVID HUME, Esq;

EDINBURGH:

Printed by HAMILTON, BALFOUR, and NEILL.

M,DCC,LIV.

図14　デイヴィッド・ヒューム『大ブリテン史』。第１巻はジェイムズ１世の治世からチャールズ１世の治世までを表題としている。エディンバラにおいてハミルトン、バルフォア、ニールの手で出版された（1754年）。本書の後続巻でヒュームは、ロンドンのスコットランド系出版業者ウィリアム・ストラーンとトマス・カデルに乗り替えた。

である。

ただし、歴史家だけが受益者だったわけではない。アダム・スミスは経済学から一定程度の稼ぎを得た。最初スミスは、著作から上がる利益をストラーンおよびカデルと分かち合うという別種の戦略を採用していて、彼らに著作権を売却した（二度続けて、十四年間を二回）のは後年になってからのことだった。一七七六年の『国富論』の出版から一七九〇年の彼の他界までの間に、スミスはおそらく千五百ポンドから千八百ポンドを同書で稼いだ。フランスの著者たちも多くの稼ぎを得た。多作のヴォルテールが最大の稼ぎ手だったが、もう少し控え目なルソーによれば、『エミール』のおかげで得た六千リーヴルがその後の四年間の生計を賄ったというから、彼は大学教授以上の高給を自らに許していたことになるようである。

著述家たちは、自らの稼ぎを生活水準向上のためのものとしてだけ評価していたわけではない。大切なのは、稼ぎが同時に「自立」をもたらしたことである。十八世紀の文人にとって、それは個々のパトロンへの依存から、つまりは雇われの身から自由になることを意味した。著述家が著述業だけで十分な生活の糧を得られるようになれば、彼は最も完全なかたちでの自立を成し遂げたわけである。そうした地位を得るためにヒュームは成人後の人生を通じて奮励努力し、『イングランド史』の成功で、ようやく一七六〇年代に入ってから望みを成就させた。ルソーもまた、楽曲の複写で稼ぎを得なければならない時期があったにしても、ついにはそうした自立に到達した。啓蒙を代表する最も自立した著述家の二人が、最も悪名高い口喧嘩を展開せねばならなかったのは、この上ない皮肉であった。一七六六年にルソーは、彼をイングランドに連れて行ったあとで彼に対する陰謀を企てたとして、ヒュームを告発したのである。自身の独立と知名度とが結びついていることをわきまえていたルソーは、公衆のあいだに不平の種を播き、それを培養した。自立はおのずから物語るものと考えていたヒュームは裏をかかれた（少なくとも彼がルソーを、キリスト教徒である、と見なすまでは）。

それはさておき、啓蒙著述家の大半は、著述業を大学教員や医師や法律家などの職業団体の構成員資格と結びつけることのできる自立のありかたに、満足を覚えた。官職保有も「自立」と両立可能だったが、それは、官職が（フランスの「売」官制度のように）一種の財産として保有されようが任命であろうが、いずれにせよ官職保有者を権力者に直接「依存」させることなくその地位を保全できたからであった。

教師として雇われた人々でさえ、一世紀前には不可能だった方法で交渉を行うことができた。ゆえにアダム・スミスは、一七六四年にグラスゴー大学教授を辞職して若きバクルー公爵の大陸旅行随員教師となる際に、五百ポンドの年俸のみならず三百ポンドの終生年金を交渉によって取り決め、その二年後にカーコーディの実家に戻って『国富論』を書いたのである。同書の出版後、彼はエディンバラ関税委員という給金のよい公職への就任を受諾する一方で、二つの著書の新版を準備したり、自立した経済政策顧問として大臣たちの諮問を受けたりした。フランスやドイツ、イタリアやスペインにいた他の多くの人々も、このパターンに沿った様々なキャリアを辿った。そうした文人たちにとって、オーサーシップと自立は相互に強め合うものだった。それらは「権威」と、公益に関わる問題についての議論を前に進めているという自信と、公衆がそうした問題に留意してくれるに違いないとの確信を、与えてくれたのである。

十八世紀の著述家たちは、自らの地位を強化するに当たって、文芸界におけるいくつかの目新しいイノベーションの恩恵を受けることができた。その一つが、十七世紀末のイノベーションだった書評雑誌であり、それは書物の世界に生じた新たな展開へのアクセス手法を一変させた。このジャンルの偉大な開拓者は、『文芸共和国通信』*Nouvelles de la république des lettres*（一六八四～八七年）のピエール・ベール、『世界文庫』*Bibliothèque universelle*（一六八六～九三年）のジャン・ルクレールとその後継者ら、そしてライプツィヒにおける『学者の報告』*Acta eruditorum*（一六八二年以降）の編者であるヨハンおよびフリードリヒ・メンケ父子であった。これらの雑誌は長大に引用しつつ新刊を要約するばかりではなかった。ベールやルクレールといった人の手に落ちれば、書評は論争の道具となり、議論進展の契機となったからである。安価な十二折判で出版された書評雑誌は、文芸共和国の構成員たちが決して手に取れなかったり読む暇がなかったりする書物の主張を彼らに知らせると同時に、オーサーシップを確定させもした。

以上の開拓者たちは自国に数多くの後継者を持った。そのうち最も早期に現れたものの一つが『イタリア作家新聞』*Giornale de'letterati d'Italia* である。一六七五年に始められた『作家新聞』

は数度の再刊を重ねながらローマやパルマ、モデナやヴェネチアで逐次刊行され、一七四〇年を最後に廃刊となった。ただし数年後にフィレンツェの『文芸便り』*Novelle letterarie*がこれを継承した。『新聞』は、書評だけでなく、イタリアの主要な文化中心地すべてからもたらされる文芸ニュースを掲載した。イングランドでは、この領域は『クリティカル・レヴュー』および『マンスリー・レヴュー』が先導した。またスコットランドでは、ウィリアム・ロバートソンたちが一七五五年に最初の『エディンバラ・レヴュー』を立ち上げた。たった二号しか刊行されなかった（名称の上では、よりよく知られた十九世紀初頭の『エディンバラ・レヴュー』の先達であったにすぎない）が、一七五六年刊の第二号にはアダム・スミスによるルソー『人間不平等起原論』の書評が載っており、同書の重要性を読み手に訴えかけた。

オーサーシップを向上させる工夫としては、他に懸賞論文があった。懸賞論文コンテストの勝者として最も名高いのは、一七五〇年にディジョン・アカデミーが投げかけた問いに応答したルソーである。「学問と芸術の復興は、道徳の浄化に寄与したかどうか」が、彼の「第一論文」の主題だった。ルソーは敗者としても最も有名で、一七五四年、不平等の起源をめぐる出題がなされた折に、彼の「第二論文」は同アカデミーのコンペで賞を勝ち取れなかったのであった。勝利はルソーの名声に与って力があった。敗北は彼を、啓蒙全般を通じて単独で最も重要と言えるかもしれない作品、あるいは最も挑戦的であることは間違いない作品の、著者に育て上げた。

ただし、数ある論文コンペの中で最も長きにわたって存在感を発揮したのは、ベルリンの王立学術アカデミーが毎年提供したコンペであった。このコンペは、フリードリヒ二世が終身会長に任命してアカデミーの再建を委ねたフィロゾーフ、つまりモーペルテュイの発議によるものだった。フリードリヒの親フランス的指針にもかかわらず、同アカデミーの論文コンペはドイツの学問的哲学的風土に明らかに多大な刺激を与えた。最も独創性に富んだ論文中の二編、一七五九年のJ・D・ミヒャエリス論文と一七七一年のJ・G・ヘルダー論文は、言語の起源をめぐる問いに答えるために書かれた。これらの論文は著者の名声に寄与したばかりか、それ以前はイングランドとフランスの著述家の手でもっぱら遂行されていた言語起源論争をドイツの同業者のもとへと運び入れたのである。一七六三年の提題は形而上学と比較した数学の確実性であり、勝者はモーゼス・メンデルスゾーン、次点はイマヌエル・カントだった。

公式つまり政府出資のアカデミーと、非公式の自発的な文芸談話会とは、ともに、それ以外のいかなる組織にもまして文人の名声と権威を確かなものにした（少数の例外を除けば、女性はこうした組織から締め出され、そこで提供される様々な機会を奪われていた）。ベルリン・アカデミーのように政府の一部と受け取られようが、エディンバラ選良協会のように独立した自律団体として受け取られようが、いずれにせよアカデミーや協会は、おそらくは他のどのような組織にもまして、コーヒーハウスさえも凌駕して、（男性的な）文芸公共圏を体現していたと言える。なぜなら、そうした組織が文人に地位を、責務を、さらには多かれ少なかれ知的主導権を握るとのできる領域を与えたからである。フリードリヒ二世はモーペルテュイをベルリン・アカデミーの会長に据えはしたものの、きつい仕事を担ったのはアカデミー事務局長だったベルリン生まれのユグノー、ザミュエル・フォルマイと、彼の代理を務めたスイス出身のジャン・ベルナール・メリアン、そしてスイス系ドイツ人の数学者レオンハルト・オイラーやスイス出身の言語学者J・G・スルツァーなどの一般会員たちであった。

対照的に、画家アラン・ラムジーの発案によるエディンバラ選良協会は完全に自立していた。一七五四年に設立された選良協会は、ヒューム、ロバートソン、スミスといったエディンバラの主だった文人を、彼らの友人だった少数の地主法曹エリートとともに創設会員に迎えた。この協会での論題設定に際しては、啓示宗教やジャコバイト主義を避けるべしとするルールが、あらかじめ合意を得ていた。協会覚書によれば、社会と経済の「改良」に広く関わりのある論題が選択されねばならなかった。

会員資格を管理する権威が存在しない点には危険が伴った。協会加入を求める叫び声が上がり、一七五〇年代末には会員数は百名を超えていた。ヒュームは会員数が多くなりすぎると文人組織としての設立目的が損なわれると危惧したが、実際、この協会は十年と持たなかった。とはいえ、選良協会はスコットランド啓蒙を形づくる文人たちが求めた権威を象徴化することで、エディンバラやスコットランドの別の場所で行われる、また新たな改良に向けた類似の組織的主導性が発揮されるのを促したのである（図15）。

アカデミーの中には、文人の指揮監督に従うには硬直的に作られすぎたもの、あるいは、国王や君主の宮廷とあまりに緊密に結びついたものが存在した。過度に緊密な結合例としては、サヴォワの支配者ヴィットリオ・アメデオ三世が、科学的専門知識を政権が利用できるようにするという明確な目的のもと、一七八三年にトリノに設立した科学アカデミーが挙げられる。

すでにしっかりと根を下ろしていたものとしては、パリの各王立アカデミー、すなわちアカデミー・フランセーズ、碑文アカデミー、科学アカデミーと、それからフランス諸州に存在した、もっと数の多い諸アカデミーが挙げられよう。サロン同様、これらのアカデミーは十七世紀に

図15 「国王陛下の修史官」、ジョン・ケイ画のウィリアム・ロバートソン(1790年)。文人、歴史家、スコットランド教会総会議長、エディンバラ大学学長、エディンバラ選良協会創設会員として、ロバートソンはスコットランド啓蒙の知的真摯さと社会的上品さの典型をなしている。

まで遡ることのできる長い歴史を持っていたが、このことが意味するのは、パリのアカデミーも地方のアカデミーも、ともに今やアンシャン・レジームの社会構造と固く統合されている事実であった。たとえそうであっても、フィロゾーフがパリのアカデミーに次第に受け入れられていったのは、知的文芸的生活における彼らの卓越性が承認されたからである。パリの三文文士たちが非難したように、アカデミー会員の地位にまで上ることはややもするとフィロゾーフの自立を傷つけたかもしれない。だがそれは同時に、フィロゾーフが自らの著述を通じて獲得した地位が認知されることでもあった。地方に目を向ければ、諸アカデミーが徐々にではあるが改良に向けた指針を採用してさえいたし、芸術と学問の結合を促すとともに、農業イノベーションを奨励しつつあったのである。

啓蒙と政府と公衆

ヴォルテールとダランベールはフリードリヒ二世に、ディドロはエカテリーナ大帝に、といったように、少数のフィロゾーフがそれぞれヨーロッパで最も「啓蒙された」為政者と直接的かつ個人的に接触していたことは、よく知られている。ヴォルテールはポツダムで三年を過ごしたが、彼が自らにふさわしいと想像していたほどの敬意をフリードリヒは示してはくれなかった。かたやディドロはサンクトペテルブルクを目指す長途の旅を行い、かの地で女帝と歓談して、貴族対策について彼女に助言を与えたともいう。王者の序列では比較的下方に位置したものの、ナポリのフェルディナンド四世と、この夫に輪をかけて知的なハプスブルク家出身のマリア・カロリーナの宮廷は、一時的にではあったが経済学者フェルディナンド・ガリアーニを援助した。パリでは機知を利かせてサロンの寵児となっていた彼なら、同地での外交任務を解かれて帰国を余儀なくされたあとでも、なお有為な人材なのではないかと考えたからである。もちろん、以上の例でも他の例でも明白なのは、為政者を楽しませて世辞を弄することと同時に、時には自らの経験からすれば縁遠い政治的社会的な諸問題に関して助言を与えることこそが哲学者の役回りであった、という点である(ロシアにおけるディドロは、まさにそうであった)。

私たちが啓蒙と政府との関係を評価する場合には、大臣や官吏の教育がはるかに重要な事柄として立ち現れてくる。こうした教育には、大学教育のような公式のものと、成人してから読む雑誌や梗概や論文を通じた生涯にわたるものの、両方が存在した。官憲あるいは統治階級を養成する大学制度のうちの最良の例は、プロテスタントの根強いドイツ北部のそれであった。鍵となるイノベーションはプロイセンのハレ新大学で生じた。この地では、ルター主義内部の強力な敬虔主義的衝動が一連の複雑な知的反応を呼び起こしたが、なかでも最も実り多かったものはといえば、クリスティアン・トマジウスが教えたプーフェンドルフ版の自然法と、それ以上に形而上学的なクリスティアン・ヴォルフのアプローチとのあいだの、にらみ合いであった。官庁勤めの準備として王権が好んだのは、案の定、絶対主権下での寛容と社交的所作を教え込むトマジウスの世俗哲学プログラムの方であった。東プロイセンでは、ケーニヒスベルク大学が同様の務めを果たした。

プロイセンの外では、ハノーファーのゲッティンゲン大学が鍵となった。ハノーファーの支配者は大ブリテンの国王であったという事情から、ゲッティンゲン大学は地域からの圧力をかわし、カトリックのバイエルンからプロテスタントの（ただし遠隔の）トランシルヴァニアにまでいたるドイツ本土ならびに全ドイツ語圏から学生を集めた。「国家理性」のドイツ版であった官房学を、より近代的な「国家学 Staatswissenshaften」へと変容させるうえで主導的な役割を担ったのは、ゲッティンゲンの教授たちであった。彼らは、新しい形式を採用した段階的普遍史のドイツにおける主唱者でもあった。彼らが大学を後にしたのちでも、すでに官吏となっていたかつての学生たちは一七三九年創刊の『ゲッティンゲン教養雑誌』*Göttingische Anzeigen von gelehrten Sachen* や一七三〇年創刊の『ハンブルクの公平な通信員』*Zeitung des Hamburgischen unpartheyischen Correspondenten* に代表される一群の高級雑誌を読むことで、知的ないし技術的な事柄に関してつねに最新の情報を追いかけることができた。

十八世紀前半に同じく抜本的改革を経験した他の大学制度には、グラスゴーを先駆としてエディンバラ、アバディーンの両カレッジ、そして最後にセントアンドルーズの順で「リージェント regents」ないしテューターによる総合指導制を廃止して専門の各学問講座を設けた、スコットランドの制度があった。これらの講座は徐々にスコットランド啓蒙の指導的人物たちによって占められていったが、ヒュームだけが大学のポストを得られなかった。連合王国の中で眺めれば、これらの大学が教育したのは、中央政府ではなく専門職を目指す子弟であったと言える。ロンドンに集約された中央政府は改革の進まないオックスフォードやケンブリッジから引き続き新人を集めていたためである。もっとも、スコットランドで教育を受けた専門職業人は、スコットランド内で日常的な管理業務に従事したにとどまらなかった。不釣り合いなほどに多数の人間が、北アメリカのブリテン領植民地や東インド会社に奉職の道を見出していた。

改革をほとんど受け入れようとしなかったのはイタリアやイベリア半島の諸大学およびカレッジだった。しかしこれらの土地においてすら、特定領域においては改革を導く力が生まれていた。ロンバルディアでは、ベッカリーアが自著『犯罪と刑罰』（一七六四年）の出版に続いて経済学の講義を始め、その後、経済学者のピエトロ・ヴェッリと同様にオーストリア政府の官吏となった。ナポリ大学では、一七五四年、アントニオ・ジェノヴェージが担当することになる商工業論講座が、彼の友人でトスカナの農業監督官だったバルトロメオ・インティエーリの手で新設された。それまでは神学と哲学の講座を受け持っていたジェノヴェージは、より近代的で有用な学問としての経済学を、ナポリ王国の「向学心ある若者」に教えることを自らに課したのであった。

経済学は、スペイン人およびポルトガル人行政官に対する教育の一部ともなった。それは彼らが故国に留まった場合でもアメリカ大陸に渡った場合でも同様である。イタリア人ムラトーリによる「公共の幸福」の理想に励まされたジェロニモ・デ・ウツタリッツ、アントニオ・デ・ウリョア、ペドロ・デ・カンポマネスは、スペイン君主政の施政方針策定の中心に経済学を据えた。かの帝国にとっていっそう重大だったのは、十八世紀の終わり頃までに、将来のアルゼンチン将軍マヌエル・ベルグラーノのようなクレオール人（スペイン領アメリカで生まれた植民地人）はスペインで（民法の）教育を受けたのち、上級行政官の身分で植民地に帰還することができるようになっていたことである。ベルグラーノの場合はブエノスアイレスにある「コンスラード Consulado」、つまり海事裁判所の事務官がその身分であった。ポルトガルと主要植民地のブラジルにとっては本国のコインブラに高等教育機関がただ一つ存在しただけだったが、それは一七七二年に、帝国官僚の教育機関に仕立てるという特殊な目的のもと、ポンバルの手で改革された。アメリカ植民地でも、学校教育は活気ある地元の教養文化や『メキシコ文芸新聞』*Gazeta de Leteratura de México*（一七八八〜九五年）のような学問雑誌を通じて更新され続けた。

啓蒙の知的指針を擁護した人々の政治的貢献は統治階級の教育に限られなかった。よりいっそう抜本的な貢献として、哲学者および文人と権力者との関係から期待できる事柄さえも、彼ら啓蒙の信奉者たちは変容させようとした。君主付きの顧問官という伝統的かつ人文主義的な役割に満足のいかない彼らは今や、自分たちを「公衆」の代弁者として、「世論」の形成者として売り込むことにしたのである。売り込みは単なる野心からくるものではなく、明確な権利意識を伴っていた。「社会の進歩」をめぐる理解を前進させた著述家そして哲学者として、啓蒙の唱道者たちは公衆の意見を先導する知的権威をそなえていると自負していた。
「世論」は近代政治の鍵であるとする確信が、前提として成長しつつあった。ヒュームは最初期の論考の一つ「統治の第一原理について」（一七四一年）でこの点をまさしく突いている。

哲学者の目をもって人間の営みを考察する者にとって、多数者が少数者によっていとも簡単に統治されていることほど、また、人々が自らの感情や熱情を支配者のそれに盲目的に服さしめていることほど、驚きに感じられることはない。こうしたことがどうして帰結するのかを調べてみるなら、力はつねに統治される者の側にあり、したがって統治者は世論以外の何ものによっても自らを支えてはいないということが、分かるだろう。ゆえに世論こそが統治の基礎である。この金言は、最も自由で最も民主的な政体のみならず、最も専制的で最も軍事的な政体にも当てはまる。

別の、同じく初期の論考において、ヒュームはイングランド名物の「出版の自由」が生み落とした諸結果について楽観を下しているし、公債の際限なき拡大をめぐる恐怖が後年の彼をこの自由に対していくらか批判的にしたとはいっても、問題は依然として世論の制御のうちにあるとされていた。
イングランドの「自由」とブリテン政治における「世論」の過剰で不安定な力に対する批判

的見解が広まったのはフランスにおいてであり、かの地では、絶対王政の唱道者たちが古来の正統性を保持しようと躍起になった。国事とりわけ王室財政は「国家理性」の一部であり、公共物と見なされてはならなかった。しかしながら、アンシャン・レジーム内部の緊張が高まり、印刷物の上に溢れ出すにつれて、旧来の拒絶姿勢を保持することはもはや不可能になった。「世論」は厳然と存在しており、また制御されねばならなかった。

第三章ですでに見たように、この点を最初に見抜いた人々の中にはグルネ・サークルの経済学者たちがいた。商業および財政政策上の公共論争になるべく良質な情報を提供するために、彼らは一群の経済著作を次から次へと出版したのである。スイス人銀行家のジャック・ネッケルは後年さらに前進し、一七八一年に彼が出版した王国財政の「会計報告」は数万部が売れた。この頃になると、レナールとルイ゠セバスティアン・メルシエを含む、より急進的な思想家たちが世論を「法廷」と位置付け、それをあからさまなかたちで王権に対峙させた。一七八〇年頃までに、「世論」争奪戦はフランス政治の中核を占めるようになっていた。

しかしながら、新しい政略としての世論の最も急進的な支持者はナポリ人であったと言えるだろう。アントニオ・ジェノヴェージは、君主を頼らず公共善の促進に努めながら道徳的経済的リーダーシップを発揮するようにと王国の「向学心ある若者」に訴えかけることで、この道の先頭を歩いた。とはいえ、このような思想の全面的展開は、次世代のナポリ啓蒙改革者たちの指導者だった『立法の科学』*Scienza della legislazione*（一七八〇〜八五年）の著者ガエターノ・フィランジェーリ（一七五二～八八年）がもたらした。立法は変化の手段であるべきだとするモンテスキューの主張を急進化することで、フィランジェーリはあらゆる法を世論の「法廷」から引き出そうとした。翻って世論は、自身の境遇を自由出版の場において申し立てることによってのみ、足場を盤石にできることになる。主権が「継続して真に人民のうちに」置かれることを保障するのは自由出版だけである。したがって為政者は、人民の意志の表明としての世論の「賛成投票」を通じて統治するべきであった。

世論への訴えに関して大切な点は、それが現実に、少なくともナポリ王国内においてはフィランジェーリの想像した通りの形態をとっていたことではない。大切なのは、哲学者たちが提唱し形づくることを望んだ政治力としての世論が有した可能性の方であった。ここにおいても、彼らの思想は独自の知的基盤を手にしていたのである。啓蒙哲学者は自らを、プラトンが想い描いたような、何が正義かを定め、それを自らの属する共同体に適用しようとする哲人王に類するものとは見なさなかった。そうするよりもむしろヒュームやグルネそしてフィランジェーリは世論に訴えたが、それは間違いなく彼らが、近代の経済社会が政治行動のうえに課している制約の数々を理解していたからであった。商業経済とは何を売買するかの決断を諸個人の巨大な集合体自体が下す経済であり、決断の数があまりに多いせいで政府は有効な制御を行えない。アダム・スミスが市場介入を手控えるよう政府に要請したとき、彼は単に、あるいは主に、国家の野望を恐れていたわけではなかった。同時に彼は、そうした介入のほとんどが無益であることを知っていたのである。旧来の「国家理性」がなすべしと教えてきた事柄を実行する能力を、政府は全く持ち合わせていなかった。政府の野望を抑制する見込みが最も大きかったのは、哲学者が伝え、また指導する方法で「世論」を強化することであった。

政府による改革が皆無だったと述べているわけではない。商業は依然として大きな障害に直面しており、ヒュームやスミスそしてフィランジェーリがそろって認めたように、なかでも最大の障害は土地をめぐる「封建制」と、それによって必然的にもたらされる人格的依存関係の残滓であった。この制度を崩すことが、スコットランドからナポリにいたるまでの近代政府にとっての最優先事項でなければならなかった。立法と並行して、農業改良に賛成するように世論を啓発する必要もあった。

スコットランドでは、そうした改良企画のための絶好の機会が、一七四五年に起きた最後のジャコバイトの乱が鎮圧されたのちに訪れた。十八世紀後半のスコットランド高地地方には農地管理や都市設計、環境改変用の実験施設が造られた。同時期に、スコットランド低地地方の農業はさらに劇的な変容を遂げ、アダム・スミスの教え子だったバクルー公爵のような大地主はきわめて成功した農業資本家に変貌した。一七二三年の農業知識改良者協会に端を発し、一七五〇年代には選良協会の補助組織としての技芸科学手工業奨励協会、そしてアバディーン哲学協会から派生したゴードン・ミル農業クラブへと引き継がれた、一連の農業改良協会が模範を示した。

こうした協会は地上における人間の境遇の改善に寄与することを公言した。十八世紀後半を通じて、それらはヨーロッパ中に広まった。スペイン最初のものは王立バスク国民の友協会（Real Sociedad Bascongada de los Amigos del País）であり、一七六五年にバスク地方の街アスコイティアおよびベルガラの名家の手で設立された。一七七〇年から一八二〇年にかけて、さらに七十の類似の協会がスペイン半島に、十四がスペイン領アメリカに設立された。ハプスブルク領ボヘミアでは貴族とアカデミーと官吏が一致協力して一七七〇年に耕作自由技芸協会を設け、これは一七八〇年代に入って愛国農業協会に改称した。

ナポリのように、君主が依然として、臣下が自立した主導性を発揮することに神経をとがらせていた場所では、改革者の小集団が非公式に地方都市で会合し、各自の地元を改善する方策を議論した。フォッジャのジュゼッペ・マリア・ガランティ、テラモのメルキオーレ・デルフィコ、レッチェのジュゼッペ・パルミエーリはみな、農業事情についての自らの著述を、彼らに共感する地元エリート団体の活性化に結びつけた。ジェノヴェージの追随者たち、そしてフィランジェーリの同時代人たちは、自発的で政府管轄の外に置かれた代理機関を持つところまで、見通しを広げようとした。彼らは、必要な改革を実行するよう、そしてまた、近代の商業社会は思い通りに制御し利用できるものではないことを認めるよう政府を説得するために「世論」に目配りする過程で、啓蒙哲学者たちが念頭に置いていた事柄を具体化した。近代的政府とは自らの限界を自覚した政府のことであり、事情に通じた世論法廷の場での訴訟に進んで臨もうとするし、また、そこでの評決を進んで受け入れようとさえする存在であるというのが、それであった。

啓蒙と革命

多くの歴史家にとっては、啓蒙をめぐる最後の問いとして残されているものこそが最も重要であろう。すなわち、啓蒙と革命はどのような関係にあったのか、である。一七七六年から八八年にかけてのアメリカ革命について、それを問うこともできる。アメリカの大半の歴史家は、何らかのつながりが存在したことを今では認めるだろう。しかしながら、この問いが最も迫力を持つのは、一七八九年にフランスで始まり、九九年のナポレオンによるクーデタで頂点に達した、かの革命をめぐってである。一七九〇年代を通じて、それはオランダからナポリにいたるヨーロッパ全土でさらなる革命を鼓舞するか焚きつけるかした。フランス革命くらい激烈にイデオロギー的な革命ならば、啓蒙にいくらかの借りがあったに違いないと、大半の歴史家は考えるだろう。

啓蒙と革命のあいだに、男女を問わない人物および思想の連続性が存在したことは、否定するべくもない。自ら革命に身を投じたフィロゾーフの若年世代には、最も有名な人物としてコンドルセ侯爵（一七四三〜九四年）がいた。彼は数学者にして社会科学者、そして歴史哲学者であり、著書『人間精神進歩の歴史的素描』*Esquisse d'un tableau historique des progrès de l'esprit humain*（*The Sketch*として英訳）は一七九七年に没後出版された。

歴史哲学を革命参加に結びつけた人物には、他に『政治論集』の著者フランチェスコ・マリオ・パガーノがいた。短命に終わった一七九九年ナポリ共和国憲法を起草したパガーノは、その後、ネルソン提督の肝煎によるブルボン朝復興に続いた反動の渦中で、処刑された。ナポリ共和国の「犠牲者」には、ポルトガルを追われた貴婦人で革命派新聞の編集者だったエレオノーラ・フォンセカ・ピメンテルもいた。

メアリ・ウルストンクラフトもまた革命への共感を隠さなかったが、主義に殉じることはしなかった。『女性の権利の擁護』*A Vindication of the Rights of Women*を一七九二年に出版してからまもなく、彼女は自ら革命を見聞するためにパリを訪問した。

思想のレベルでの連続性は、革命派がモンテスキューやルソーの著作をつねに引き合いに出したことで証明された。革命期政治思想の最重要著作であるシィエス神父の『第三身分とは何か』*Qu'est-ce que le tiers état ?*（一七八九年）は両者との対話を通じて書かれたものである。こうした想源に革命派が付け加えたのは、男性および女性の人権という概念をはじめとする、後期啓蒙に由来する新たな源泉であった。また経済学も、啓蒙にとってと同程度に革命にとって重要であったが、それは、逐次誕生した革命政権が国債運用に躍起になったためであった。その運用に失敗したからこそ、君主政は打倒されていたのである。

しかしながら、連続性がありさえすれば革命が啓蒙の産物になるわけではない。その逆こそが至当である。啓蒙の政治について本書ですでに説明した通り、革命は啓蒙のアンチテーゼだった。政府に間接的かつ抑制的な影響を及ぼそうとした啓蒙哲学者たちが事情に通じた世論に目配りした反面で、革命派は直接行動を通じたアンシャン・レジームの転覆にその身を投じた。言い換えれば、革命とは、啓蒙における「社会の進歩」の概念が描き出した非人格的で漸進的な変化の過程に対する、政治的代理機能の逆襲だった。革命をこのようなものとして捉えることは、書物が革命の大義のもとにあったと仮定することと決して矛盾しない。ただ、問題作は哲学者の論考だけではなかったのであり、宮廷の性的道徳的腐敗をさらけ出そうとするポルノがかった小説も、ちょうど同程度に問題とされがちであった。ロバート・ダーントンの有力な見方によれば、『哲学者テレーズ』*Thérèse philosophe* や『デュ・バリー夫人の逸話』*Anecdotes sur Mme du Barry* のような作品がそうであり、それらは困窮し急進化した若い著者たちによる攻撃的なジャーナリズムと結びつき、フランス君主政の威信に多大な損害を与えたのだった。彼らの放言は街頭の噂となって、破壊的影響を伴いつつ拡散したのである。

歴史家の中には、革命の初期は啓蒙の理念と一体化できると見て、この理念を放棄した恐怖政治期と区別する者もいる。しかし、思想と行動とをそのように綿密に対応させようとする試みは、すぐさま挫折する。フランス革命は、想定外の、誰も経験したことのなかった政治過程であり、それに加わった人々をのみ込み、姿かたちを変えさせたのである。革命の指導者たちは概して若く、フランスでもそれ以外でも、一七八九年以前に知的ないし政治的に著名となるだけの時間を持ち合わせていた者は少数だった。コンドルセやパガーノのように、比較的年長の世代で革命に身を投じた人々は、各人の選択としてそうしたのである。パガーノとともに改革を進めたガランティのように、著述においてアンシャン・レジームを批判した点では引けを取らなかったものの、革命には加わらず、傍観を決め込んだ人々もいた。

革命の終焉のとき、すなわち十九世紀初頭を迎える頃には、何らかの知的関心はもちろん残存していたものの、革命の政治的文脈と綱領はすでに変質していた。事情に通じた世論を生み出すことで、悪しき、恣意的な政府が牽制され、再教育されるであろうとする哲学者たちの自負は、砕け散っていた。近代政治が直面する重大問題はいまや民主主義に関するものになった。つまり、民主主義の社会的基盤とは何か、国民主権はどこまで拡張するか、そして国民主権はどういった方法で代表されるか、などに関する問題である。これらの問いに対する答えを、ますますペースを速めていく経済の変容と両立可能なかたちで見つけ出すことこそが、十九世紀およびそれ以後を通じて、保守派、リベラル派、社会主義思想家たちの心を一様に捉えた。それはもはや、啓蒙の注目を浴びた問いではなかった。

フランス革命後、啓蒙を特徴付けた先駆性のいくつかが歩みを再開し、前進を遂げたことは間違いない。そのうちの一つだった農業改良協会は、ハンガリーおよび南イタリアからアイルランドにいたるまで汎ヨーロッパ的に出現し、さらにはスペイン領アメリカでも広範に普及した。土地保有をめぐる啓蒙的発想、とりわけ小作地の「奴隷的」保有関係の解消が望ましいという発想もまた、ヨーロッパおよび海外帝国における政策立案に浸透した。例えば、十九世紀初頭のインドでブリテン人が実施した農地改革は、スコットランド人経済学者の主張に負うところが大きかったと言われている。

だが、啓蒙の先駆性ないし主導性と見なしうるものの数々が再生したとはいっても、それらが十八世紀の先人たちと切れ目なくつながっていたというわけではない。それらは、フランス革命とそれに続く出来事を経て政治的枠組が変容を遂げた世界で、再生を迎えたからである。以後、啓蒙の影響は革命の果実と切り離せなくなった。したがって同時代人、とりわけ革命とその帰結を嫌悪する人々がこれら二つを弁別することができなかったとしても、何ら不思議はない。反フィロゾーフは、一七八九年以前の数十年間において哲学が宗教および社会的階層制に対して勝利を収めた事実にこそ革命の起源を求め、革命自体が哲学者たちの陰謀だったと主張した。しかし後年の、十九世紀および二十世紀の啓蒙批判はまた別の物語を紡いだのであって、この点については第五章で簡潔に考察することになるだろう。本書がこれまで主に取り扱ってきた啓蒙、つまり知的探究と自覚的な「公衆」との協同を目指した十八世紀的な運動は、こうして終わったのである。

第五章　哲学と歴史の中の啓蒙

二〇一〇年代を迎えたいま、啓蒙史家たちのあいだでは、「なぜ啓蒙が依然として問題か」を読者に説明するのが当たり前になっている。歴史家の大半は、過去は現在に対して何らかの関係を有していると思っており、自分たちの主題は間違いなく重要であると信じているが、彼らはふつう、そのことを読者にはっきり伝える必要を感じていない。近年の啓蒙史家がむしろ例外なのである。

これに対して本書は、近年のアプローチからきっぱりと距離をとり、啓蒙の歴史的再構成に注力してきた。私は啓蒙思想ならびに啓蒙思想家を、彼らの時代である十八世紀にふさわしい用語で描写しようとした。そのために、啓蒙期の哲学者や歴史家が十七世紀の先駆者の考えや主張にかかずらっていたと認めねばならなくなった場合には、彼らのオリジナリティを、つまり彼らの思想の新しさとは何か、哲学者の公共的役割という彼らの概念の新しさとは何かを、同時につかみ取ろうとしてきた。だが私には、啓蒙が私たち自身の時代と関連性を保ち続けていると主張するつもりなど、まずなかったのである。

だからといって、啓蒙の遺産が、十八世紀以降、今日にいたるまで論議の的となってきたことは否定できない。読者に「なぜ啓蒙が依然として問題か」を伝えるのに熱心な歴史家たちは、啓蒙の業績を侮るばかりか覆そうする、やむことのない試みと自分たちが信じているものに対して、いまなお応答を繰り返している。論争の渦中には歴史家と並んで哲学者が存在してきたために、構図はいっそう複雑化している。

啓蒙の遺産をめぐる議論は、次第に、哲学者の「ポスト近代」批評に対抗して歴史家が啓蒙の「近代性」を擁護するという、主義と主義のあいだの論争と化していったように見える。哲学者は歴史をよく理解しないまま現象を批判し続けてきたのであり、したがってこの現象が現代とのあいだに保ち続けてきた関連性を表象し損ねてきた、というわけである。だが本書が啓蒙に与えた説明をふまえるなら、そのように唱えることは哲学者に対して公正を欠くと言えるだろう。最初の章で見たように、リュミエールとアウフクレールングと啓蒙は、歴史家が取り上げて再構成する以前から存在した、哲学者自身の概念だったからである。したがってこの最終章では、哲学者の啓蒙を再訪することで、啓蒙の遺産がなぜ議論の的となるにいたったのか、その点をよりよく理解することにしたいと思う。

哲学者の啓蒙

「啓蒙」が「哲学」に結びつけられた最初の段階では、啓蒙は哲学諸原理の単一体系に縛りつけられたわけではなかった。あらゆる知識は感覚に由来するものとして理解されねばならないとするダランベールの主張と、カントの批判哲学とは、根本的に異なる体系であった。道徳哲学においても同様に大きな差異が存在し、トマジウスの自然法は、ヒュームやスミスによる道徳感情の説明とも、さらには、普遍的に適用可能なカント流「定言命法」の理性的主意主義とも、区別された。

「哲学」は知的用法においてのみ理解されたわけでもない。反フィロゾーフは自らの敵すなわちフィロゾーフを正しくかぎ分けたものだが、その際には、哲学的諸原理ばかりか思考様式や役割の概念まで持ち出して、そうしたのだった。哲学はどうあれ、フィロゾーフ派に与した人々は知識を公衆のあいだに普及させようとしたし、それを人類にとっての恩沢となるように用いようとしたからである。にもかかわらず、革命前後の反フィロゾーフによる攻撃は、啓蒙と哲学との同一視を強めるのに与って力があった。

しかし長期的に見れば、反フィロゾーフは標的を間違えた。啓蒙と同一視されたのは百科全書派の哲学ではなく、カントの哲学だったからである。ドイツの諸大学に自らの哲学を売り込むためのカント自身のたゆまぬ努力はもちろんのこと、彼の哲学の代用品を締め出すための哲学史の執筆を他の人々に勧めるなどした結果、カントの哲学はヨーロッパのドイツ語圏で支配的地位を獲得した。こうして、人間知性では理性が首座を占める旨の彼の再言明と、道徳判断には普遍的な基礎が必要であるとする彼の言い分とが、啓蒙にとって不可欠な哲学原理として受け入れられた。だから定義上、カント哲学批判は啓蒙批判に当たるのであった。

この結びつきを十九世紀初頭に案出したのが、ヘーゲルであった。そして、彼に追随する観念論者たちが同世紀後半以降にバトンを手渡した。啓蒙の歴史的次元を過小評価したヘーゲル派は、カント派の啓蒙哲学は抽象的かつ静的であり、歴史の前進運動を把握できずにいると考えた。弱々しい進歩概念しか有さない啓蒙は、自らの思想を、十八世紀に端を発して十九世紀に頂点を迎えた偉大なる経済的かつ社会的かつ政治的な変革に統合できずにいる。ヘーゲル派の歴史主義のみがかような総合を成し遂げうるのであり、歴史の目的、終焉をつかみ取りうるのだ、と。

しかしながら、哲学としての啓蒙に対する批判が本格化するのは、二十世紀に入ってからのことだった。そこでは、啓蒙哲学における歴史主義の不十分さは非難されず、逆にその行き過ぎが非難された。人類にとっての恩沢となるように知識を再編しようという野心を抱くことで、啓蒙はテクノロジーと政治の双方で支配の新手段を編み出し、資本主義のもとで劣化した大衆文化はもはやそれに抗いえない。これこそが、最も難解であろうと最も有名には違いない啓蒙批判、一九四四年にドイツ語の初版が出されたテオドール・アドルノとマックス・ホルクハイマー著『啓蒙の弁証法』の主張であった。著者の二人は社会哲学者であり、戦時下にアメリカ合衆国に亡命したフランクフルト学派の創設者だった。古典古代ギリシアと啓蒙思想との連続性を強調する彼らは、啓蒙がリベラリズムの抱える矛盾を克服できずにいるせいで、本来なら対峙すべきもの、つまりファシズムおよび反ユダヤ主義の伸長を、むしろ後押ししてしまっていると説いた。

第二次世界大戦後、この批判にさらなる要素が付け加わった。その一つはドイツの歴史家ラインハルト・コゼレックが『批判と危機』（初版一九五九年）で提示したものである。戦前の法哲学者カール・シュミットが試みたホッブズ的主権国家の分析を手がかりにした、コゼレックの批判は、絶対君主政に対する啓蒙の応答が不十分である点に向けられた。政治から隔絶した道徳哲学を追究すること、そしてフリーメーソンの秘儀にこそ啓蒙の社交性の原型があると見なすことを通じて、啓蒙の支持者たちは市民のあいだの平和にとっての必要条件である国家の権威をむしろ掘り崩したのだと、コゼレックは主張した。

ほとんど同じ頃、アイザイア・バーリンが「対抗啓蒙」を構想することで啓蒙の理性主義や普遍主義の妥当性を問題にし始めた。その提唱者ヴィーコとヘルダーは、倫理的ならびに文化的な多元主義の擁護者として描かれる。バーリンは自身を思想史家だと見なしていたが、対抗啓蒙は歴史的文脈を意図的に捨象したものである。彼が標的にしたのは啓蒙に結びつく哲学的外観であり、そのせいで、私たちの知識の真実性および価値観の普遍性が持ち上げられ過ぎていると、彼は考えたのである。

「ポスト近代主義」として知られる知的文化的運動の著しい特徴の一つである啓蒙批判が集

中的に現れたのが、一九七〇年代と八〇年代である。ポスト近代主義は一枚岩の運動からは程遠かったし、実際のところ、斉一性という点での長所は何一つなかった。啓蒙批判とてご多分に洩れず、である。最も初期からの、最も影響力のあるポスト近代主義の唱道者は、フランスの哲学者ミシェル・フーコーだった。『言葉と物』(初版一九六六年、英訳一九七〇年)では、十八世紀に主体として登場した「人間」は思想の「考古学的」レベルにおける気まぐれな変動の産物にすぎないと主張し、啓蒙の道徳的、社会的、経済的探究の安定的起点に人間本性を据えようという前提を根底から揺さぶった。「人間」という新しい焦点を生んだ栄誉を啓蒙思想家に帰すことなどできない、というわけである。その後の『監獄の誕生』(一九七五年)では、罪と罰をめぐる十八世紀思想の核心に権威主義を見出すことで、啓蒙には権威主義が隠されているとしたアドルノとホルクハイマーの告発を蘇らせた。

英語圏の哲学者がまもなくそこに加わった。カトリック系哲学者であり、かつてはマルクス主義哲学者でもあったアラスデア・マッキンタイアは、『美徳なき時代』(一九八一年)において、自立した合理的な倫理的正当化根拠の提供を目的とした固有の「啓蒙プロジェクト」の存在を突きとめたと唱えた。マッキンタイアの考えでは、このプロジェクトは人を惑わすものである。倫理は形而上学的基礎を要求し、歴史が提供する基礎の中では、トマス主義が依然として最高の説得力を有していると彼は説いている。これとは対照的に、宗教的信条はもちろんのこと形而上学自体が完全に姿を消しているのが、知識や倫理は私たちが真実と呼びうる基礎を有しているはずだとする仮定に向けられた、リチャード・ローティの批判である。ローティは『哲学と自然の鏡』（一九七九年）において、心は自然を反映もしくは表象するからこそ真実を確立できるとする主張を脱構築した。ヴィトゲンシュタインをさらに磨き上げながら、ローティは次のように語る。私たちにせいぜい可能なのは、外界の事物を叙述するため、そして道徳律を私たち自身に向けて指し示すために、言語を用いるくらいのことだ。そのような言語は多数存在しうるだろうから、私たちはその中から選択を行い、自らの選び取った信条に従うのみである、と。真実の知識と倫理のための普遍的かつ合理的な準則を見出すことができるとしてきた啓蒙の信念、とりわけカントの信念は、誤っているとされたのだ。

啓蒙に向けられた哲学的批判の伝統の累積作用は、説得力の伴う啓蒙擁護論が不足したために確実に強化されたと言ってよい。啓蒙に好意的な解説書として最もよく参照される著作はエルンスト・カッシーラーの『啓蒙主義の哲学』であり、本書はカッシーラーがイングランド、スウェーデン、合衆国へと亡命する前の一九三二年に、ドイツで出版された。彼は新カント派の一人として啓蒙哲学をカント以前に位置付けたにもかかわらず、啓蒙を支える原理は「理性の自律」にあると見なしていた。ナチズムから逃れたユダヤ人亡命者という身の上にあった彼の啓蒙哲学註解は敬意を払われてしかるべきだと考える人がいてもよかったかもしれない。だが実際はそうならなかった。カッシーラーは一九二九年のダボスでハイデガーと有名な対決を行って敗れ去ったのだと、当時ほとんどの人は思っていた。ハイデガーはナチに入党していたものの、ローティのような後期ヴィトゲンシュタイン主義者の関心を引いたのはハイデガーのほうだった。アイザイア・バーリンさえもがカッシーラーに批判的だった。『啓蒙主義の哲学』の一九五一年版の英訳を書評したバーリンは、同書を「うららかにして無邪気」と形容した。本書の著者は、後代に啓蒙哲学を挫折させることになった摩擦や転覆作用の数々に気がついていないと評したのである。

歴史家の応答

第二次世界大戦後、説得力のある哲学的啓蒙擁護論が欠落する中で、歴史家たちが啓蒙のために立ち上がった。それは、二十世紀の戦慄を経てしまったヨーロッパの古き良き過去を代弁したのが十八世紀啓蒙だったからかもしれないが、歴史家としての彼らは彼ら自身の方法にコミットしてもいた。彼らは概して哲学者ほど歯切れよくはない。一九五〇年代から六〇年代にかけて、ヨーロッパ啓蒙史家の多くが、ヴェーバー派であれマルクス派であれ、一種の近代化理論を受け入れた。彼らは世俗化と経済発展という双子の作用を啓蒙に結びつけたし、彼らの大半が、啓蒙はその思想と政治的方向性に関して「近代的」であると想定した。

啓蒙を「近代性」に結びつけようとする傾向は一九八九年以降ますます顕著になった。三つの事情がそれを説明する。第一はベルリンの壁の崩壊、つまり進歩的左派思想の方法論的枠組みだったマルクス主義の信憑性が砕け散ったことである。第二は、政治作用力としての、また世俗的価値に対する明確な挑戦としての、宗教が復興したことである。第三はポスト近代主義の存在であり、これが真実を軽々しく相対化していると多くの歴史家が見なしたことである。

このような展開に応答する際、歴史家たちはハーバーマスが描写した十八世紀「公共圏」(ちょうどよい頃合いの一九八九年に英訳された)の郷愁漂う様相から示唆をくみ取った。一九六〇年代の着想として見たときのハーバーマスの仕事は、後期資本主義の産物に他ならない現代大衆文化に向けられたフランクフルト学派の批判に付け加えられた、新しい貢献だった。カントの「公共」概念に依拠した「公共圏」はしかし、カント以前の、より良き近代性の範型としての啓蒙に注がれた共感を、暗にほのめかしてもいた。一九九〇年代の歴史家たちにはこの点が心地よかった。彼らは、マルクス主義以後であり、かつ「近代的」であるとされる啓蒙の性格を歓迎した。それは、知的運動であると同時に社会的運動であると整理してみせる、近年の啓蒙研究の動向とも矛盾しないものだった。

二〇〇〇年以降、啓蒙と「近代性 Modernity」の同一視は歴史家たちのあいだでほぼ常識的な事柄となり(大文字表記の「M」が急速に一般化した)、彼らの多くはポスト近代哲学流の批判に対する論駁を好んだ。この点でジョナサン・イスラエル以上に積極的な人物はいなかった。彼は、初期近代オランダの包括的歴史を書き進めていく中で経済史から思想史に転じた。

イスラエル著『急進的啓蒙——哲学と近代性の形成一六五〇〜一七五〇年』(二〇〇一年)は、

啓蒙の世俗主義を賛美したばかりか、歴史家には珍しいことに、世俗主義を固有の哲学と結びつけた。つまり、真の「急進的」啓蒙はスピノザの一元論的形而上学に必然的に根拠付けられるとしたのである。彼曰く、寛容や民主主義、人権そして男女平等といった「近代的」価値を擁護する十八世紀的議論はもれなく特殊な唯物論的哲学体系に依拠していたように思われる。古典的マルクス主義の全盛期以来、歴史家がこれほどの自負をもって哲学者の拠って立つ基盤に挑戦を仕掛けたことはなかった。

これに匹敵するほど大胆不敵ではないものの、啓蒙は「依然として問題である」とするアンソニー・パグデンの確信は、啓蒙と「近代世界」との、イスラエルによく似た同一視に基づくものである。彼もまた、哲学者たち、特にマッキンタイアに挑みかかる構えを見せている。歴史家の中には、「近代性」があまりにも独占的に西洋と結びつけられることに対して異議を唱える者がいることは確かである。だが「近代性」を世界大に、例えば十九世紀の中国や日本に対してまで拡張することで問題の解決を図るのは、この概念の定義付けと分類を自家薬籠中のものにしたいという歴史家の要求を、ただ単に水膨れさせているにすぎないのである。

歴史的見地からの啓蒙

啓蒙を擁護したいという歴史家の願いは、哲学者からの執拗な批判に向けられた健全な拮抗力であり続けてきた。しかし歴史家が哲学者の批判を、あるいは自らの「近代性」擁護論の意義を、つねに理解してきたとはかぎらない。ある部分では、哲学者の批判は歴史家が考えているほど一面的ではなかった。フーコーは、亡くなる前年の一九八三年に「啓蒙とは何か」という問いに立ち戻った。フーコーが言うように、この問いこそ、啓蒙が「近代」特有の「姿勢」であるかぎりにおいて、近代哲学が決して免れることのできない問いかけなのである。だが啓蒙は同時に「一つの出来事」、「あるいは複数の出来事および複雑な歴史的過程の連続からなる束であって、ヨーロッパ社会の発展の中での、ある特定の時点に位置付けられるものである」。そうである以上、啓蒙は「人文主義的」人間概念の再現と同列に扱われるべきではないと彼は言う。啓蒙の包括的理性主義を放棄することはやはり必要ではあるが、そうであるとしても、批判というカント的理念は、権威に挑戦しようとする個人の意志としてそれを理解するかぎり、無傷のまま残される。それはまさにカント的アナーキズムと解釈されても仕方のない啓蒙であったかもしれないが、かつてフーコーが否定したように思われるもののための、つまり時間の中における活動のための余地を提供したものには違いなかったのである。

ローティの近年の論考「啓蒙とポスト近代主義との連続性」（二〇〇一年）もまた妥協的である。哲学上の基礎付け主義に対する批判は、「ポスト近代的」な批判というよりも、人間の営みにおいて果たされる神の基本的役割に向けられた啓蒙自身による批判の延長線上にあるものだった。たとえ啓蒙的理性主義を取り除いたところで、啓蒙の政治学に不都合は生じなかった。

残虐な言動を減らして自由を向上させるという目標は、理性主義的（カント的）ユートピア論者の想定したほど急速に、あるいは包括的に実現されはしなかったものの、依然として有効であった。

一方、ポスト近代主義と関係を持たない他の哲学者たちは、批判者の主張に応答しながら啓蒙擁護論を打ち出してきた。ハーバーマスは「公共圏」概念に関してカントに依拠しているにもかかわらず、彼が「主体中心的理性」を「コミュニケーション的理性」で代替したことは、ローティが指摘したように、道徳とは言語内で構成されるものと考える人たちに彼が著しく接近したことの表れである。北米カント派も、ハーヴァードは別としてもシカゴでは「非基礎付け主義的」カント主義の可能性を構想し、歩み寄りを図った。サミュエル・フライシャッカーはこうした見地に立ってカントの問い「啓蒙とは何か」を解釈し、それを、見解の多様性が花開く批判的公共的議論への招待状と見なした。

哲学者間の論争には非カント派も貢献し始めた。ジェネヴィーヴ・ロイドは、ディドロからアダム・スミスにいたる多数の啓蒙思想家が理性の力以上に想像の力に関心を抱いていた点を、明確化してみせた。彼女がアーレントに従いつつこの点に付け加えたのは、カントの世界市民構想すら「訪問に出る」という想像を有さねばならなかった点である。さらに微妙な言い回しを用いつつ、将来志向こそ、カント哲学における最高度に挑戦的な点であることを、彼女はほのめかす。私たちは啓蒙を、ひとたび啓示されたならば決して覆い隠されることのない光としてではなく、十八世紀から先方に影を投じる束の間のきらめきとして捉え直すべきだと、彼女は隠喩を交えて論じている。その影の中に立つことで、私たちは啓蒙がこれまでどのように変容してきたかを一望することができる。

したがって、啓蒙をめぐる哲学者の論争には、啓蒙の「近代性」に対する歴史家の一面的断定によって許容される以上のものが存在する。本書の、あるいは本書の著者の守備範囲の中では、啓蒙に対する二つのアプローチ法を和解させようとはしていない。しかしながら、相互の敬意をよりいっそう高める余地は確実に存在する。カント以外にも見るべき啓蒙があることを、より多くの哲学者が認識するかもしれない。また、「近代性」という概念はリベラルな諸価値や人間福祉とのみ結びつくわけではなく、哲学者はこの概念をずっと曖昧かつ異論含みのままに用い続けてきたことを、さらに多くの歴史家が認識するかもしれない。

これらとは別に、啓蒙に対する思想史的アプローチ法、つまりは本書が採用したアプローチ法が提供できるものがあるとすれば、それは歴史的見地である。リュミエールやアウフクレールングといった十八世紀的概念のうちに「哲学」が姿を現していたことについては、すでに論じた。ほとんどあらゆる場所で、フランスでもドイツでもスコットランドでもイタリアでも、啓蒙著述家たちの関心や著述の中にそれは顕著に現れていた。後年の哲学者たちが啓蒙の遺産を解釈することに関心を抱き続けたのはほとんど驚くに当たらないことだったとしても、そうだからといって、私たちが両者のあいだに連続性を仮定してよいともかぎらない。十八世紀哲学の言語や話法は多様であり、以後それらは、啓蒙に焦点を当てた一編の歴史などでは容易に包み込めないほど多くの仕方で翻案ないし改変されていったからである。

また、「近代」という理念が十八世紀の思想家たちの関心を引いたことも、すでに確認した。彼らは自身を「古代人」に対峙する「近代人」であると見なし、近代ヨーロッパがなぜ古代と異なるのか、またなぜ、重要な諸点で古代以上に発展しているのかを問題にした。推論をさらに前方へと進めた彼らは、なぜ近代ヨーロッパ世界はヨーロッパ人が新世界で遭遇したところの、貧しく、見るからに素朴な人々と比較して大幅に進歩しているのか、あるいは大幅に「文明化」されているのかも、問題にした。

ただし、ほとんどの啓蒙思想家が気づいていたように、近代ヨーロッパ人は、文明化が遅れていると見なされた人々とまるで変わらないくらい残虐に振る舞うことがあった。さらによろしくないことに、ヨーロッパ人の「進歩」はそれ以外の他者の後進性を踏み台にしたものである可能性があった。「近代的」であることはすなわち妥協することであるということを、啓蒙思想家たちはすでに知っていた。この世界に生きるすべての人の物質的境遇改善は追求するに値する目標であるという確信を彼らは得ていたかもしれないが、ルソー『人間不平等起原論』は彼らに、不平等と道徳的妥協の両面において支払わねばならないコストを認識する必要があるという点を、思い起こさせた。

さらに言えば、哲学のみならず経済学においても、啓蒙時代と二十一世紀初頭とはかけ離れていた。両者のあいだには、フランス革命が、十九世紀のナショナリズムと国民国家の勃興が、二十世紀の二度の世界大戦とホロコーストが、さらには、「社会主義」の意義をめぐって同世紀半ばに生じた致命的とも言える思想的偏向が横たわっている。この間、哲学同様に経済学、社会諸科学、政治学の研究は姿かたちを変え、大学は科学論の裁定者、そして直接間接問わない政策的助言者としての役割を確立した。その一方で、世論は哲学者や文人の後見を長きにわたって免れ続けている。現代の民主主義と専制は、十八世紀には思いもよらなかったほどの経済的、社会的、政治的な挑戦、さらには環境からの挑戦に直面するようになった。

それゆえ、ここまではるばるやって来た私たちは、啓蒙が引き続き問題であると自らに言い聞かせるような真似は行わない方がよいのである。想像力を用いて啓蒙思想家たちの概念言語を再構成するだけで、彼らが出会った諸問題を認知するだけで、そしてそれらの問題に対する彼らの応答のオリジナリティを正当に評価するだけで、私たちは自分自身の思想をより豊かにすると同時に、人間の営為を理解する方法がいかに多様であるかをより深く自覚することができるのだから。それは思想史家たちが探し求める過去の今日性とは異なる。それは、私たちが現在使用しているものとは異なる用語法によっていかに問題が定式化され、処理され、概念化されたかを理解しようとする挑戦にひとしい。

啓蒙思想について特に興味深い事柄は何か、と言えば、来世とは関わりなくこの世界を変容させるとともに、何が「進歩」を形づくるのかについても思案しようとする、その志向性の存在であった。啓蒙の世界と二十一世紀の私たちの世界とのあいだには、あまりに多くの人災が横たわっているがゆえにこそ、進歩に向けた、そして人間の境遇改善に向けた啓蒙のコミットメントは、私たちの包容力に対する挑戦ともなりうるのである。いまでは啓蒙は私たちの頭上に影を投げかけることしかできないとしても、それは引き続き熱心に研究され理解されるに値するし、その知的業績との格闘も継続されるに値しよう。

訳者解説

著者について

ジョン・ロバートソン John Robertson 教授（ケンブリッジ大学歴史学部）は、思想史、なかでも啓蒙研究の第一人者として知られている。ロバートソン（以下敬称略）は、一九五一年にスコットランドのダンディーに生まれた。オックスフォード大学で、近代史 Modern History の分野で First Class で学士号を取得（一九七二年）後、同大学で、歴史学者として名高い Hugh Trevor-Roper（一九一四〜二〇〇三年）の指導もとで、博士号を取得（一九八一年）。博士論文は「改善に取り組む市民――スコットランド啓蒙における民兵論争と政治思想 "The improving citizens: militia debates and political thought in the Scottish Enlightenment"」という論題であった。一九七五年からは、オックスフォード大学クライスト・チャーチ・カレッジの研究講師 Research Lecturer をつとめ（一九八〇年まで）、一九八〇年からは、オックスフォード大学セント・ヒュー・カレッジの近代史フェロー・チューター、そして近代史の大学講師 University Lecturer

をつとめた（二〇一〇年まで）。その後、ケンブリッジ大学歴史学部に政治思想史の教授として就任した。この講座は、クエンティン・スキナーがかつて着任していた思想史研究の世界的中心のポストである。

ケンブリッジ大学の思想史研究は、スキナーらが提唱した文脈主義（contextualism）で知られる。それは、思想家のテクストは、先行の、あるいは同時代の諸思想や社会状況に左右されるものであるとし、それらの文脈の分析を通じて、テクストを読解することを特徴的な研究手法とする。ロバートソンもまた、文脈主義に基づいて啓蒙研究を行っている。以下、ロバートソンの業績を、その知的軌跡を紹介することを通じて、追いたい。

まず、ロバートソンは、前述の博士論文に基づいて、著作『スコットランド啓蒙と民兵論争 *The Scottish Enlightenment and the militia issue*』（Edinburgh: John Donald Publishers Ltd., 1985）を刊行する。民兵論争は、常備軍論争としても知られる。初期近代イギリス（スコットランドを含む）において、職業軍人主体の常設の軍隊（常備軍）は、必ずしも自明の前提ではなく、むしろ、貴族やジェントリー指揮のもと民衆が戦時に兵士となる民兵も重要な存在であった。常備軍か民兵どちらが戦争の主力となるべきかは、イギリスにおいてたびたび議論された。ロバートソンは、常備軍論争の当事者にとり、その論争は、単なる軍事組織の問題にとどまらず、歴史認識の問題でもあったことを示した。また、常備軍は、イギリスの基本的な国制認識・社会認識にも関わっていた。常備軍論争はいくつかの段階に分かれる。十七世紀末から十八世紀初頭にかけても論争は生じ、そこでは、常備軍と民兵の政治思想・社会思想的意味に関する基本的言説が構築された。その言説に基づきつつも、十八世紀中葉のスコットランド啓蒙の盛期にもまた、常備軍論争は生じたが、それにより、スコットランド啓蒙の思想家の社会・政治・歴史認識がどう深まったかをロバートソンは追跡した。さらに、十八世紀後半の革命の時代（アメリカ独立革命の時代）の常備軍論争もまた考究し、常備軍論争が、政治・社会思想形成上極めて重要な問題であることを明らかにした。

この論争については、我が国においても、田中秀夫『文明社会と公共精神――スコットランド啓蒙の地層』（昭和堂、一九九六年）や、村松茂美『ブリテン問題とヨーロッパ連邦――フレッチャーと初期啓蒙』（京都大学学術出版会、二〇一三年）らが取り組んできた問題である。それらの研究にも影響をロバートソンの著作は与えた。

そして、スコットランド啓蒙については、編著『帝国への合邦――政治思想と一七〇七年のブリテンの合邦 *A Union for Empire: political thought and the British Union of 1707*』（Cambridge: Cambridge U. P., 1995）における自身の論文「帝国と合邦――初期近代ヨーロッパの政治秩序における二つの概念 "Empire and union: two concepts of the early modern European political order"」において、帝国 empire と、国同士の統合としての合邦 union のあり方についての言説が、ヨーロッパにおいて共有された知的遺産として存在したことを指摘した。そして、それが、一七〇七年におけるイングランドとスコットランドの合邦をめぐる議論にも影響を与えたことを解明した(「捉え難き主権――スコットランドの合邦論争一六九八～一七〇七年の道筋“An elusive sovereignty: The course of the Union debate in Scotland 1698-1707”」)。

スコットランド啓蒙が、ヨーロッパの共有された知的遺産を引き継いでいるという論点については、さらに、単著として、ロバートソンは、『啓蒙の擁護――スコットランドとナポリ一六八〇～一七六〇年 *The Case for the Enlightenment: Scotland and Naples, 1680-1760*』(Cambridge: Cambridge U. P., 2005) で詳述した。それは、近年の啓蒙研究が細分化し、啓蒙が複数のものに分化して研究されている現状に対して、改めて一つの啓蒙を主張する著作である。かつての啓蒙研究は、ポール・アザールやエルンスト・カッシーラー、フランコ・ヴェントゥーリやピーター・ゲイら、啓蒙の流れを一つに捉える研究がみられた。対して、近年では、個別研究の急速な進展により、スコットランドやフランス、ナポリなど個別のコンテクストからの研究が盛んになり、さらにそれぞれのコンテクストの中でも、それぞれ必ずしも両立するわけではない多面的な研究が行われるようになってきた。ロバートソンのこの著作は、個別の国・地域のコンテクストを越えて啓蒙が一つの共有したプロジェクトを有していることを、極めて精緻な研究を踏まえつつ示した、文字通りの大著である。本著の評価については、奥田敬による書評も参照されたい(『経済学史研究』、第四九巻第二号、二〇〇七年)。なお、ロバートソンのこの問題提起については、篠原久(「学会展望――スコットランド啓蒙」(『イギリス哲学研究』第三二号、二〇〇九年)も言及している。

その場合の、共有のプロジェクトとは、スコットランドとナポリにおける、人間の境遇の改善の研究（＝経済学）の生誕として具現化するものである。しかし、それを成し遂げたのは、人間が欲望・情念に振り回される存在であることを前提とするエピクロス主義の初期近代（十七・十八世紀）のフランス・ナポリ・スコットランドにおける隆盛によるものであった。その場合、エピクロス主義は、古代とは異なり、キリスト教の文脈で捉え直されたものである。その捉え直しにより、本来は全く異なるものであり、原罪による人間の堕落を強調するアウグスティヌス主義と接近・収斂することになった。ロバートソンがなかでも重視するのはピエール・ベールの影響である。ピエール・ベール自身は、エピクロス主義者とは言えないものの、ベールにおける人間の堕落の強調は、堕落した人間存在がなぜ社会を存立させているのかという問いへと結びついていたからである。

ベールの問題提起に対して、ナポリではジャンバッティスタ・ヴィーコが、神の摂理が人間社会にいかに及ぶかの証明により、ベールを反駁する護教論を展開した。特筆すべきは、ロバートソンの精緻な読み解きにより、エピクロス主義ともベール主義とも直接的には言えないヴィーコの言説のなかに、いかにエピクロス主義の影響が見られるかが示された点である。ロバートソンは、ヴィーコとは異なる思想を持ちながらも、エピクロス主義の受容という点で、啓蒙の成立への契機と見たのが、デイヴィッド・ヒュームであった。ロバートソンは、スコットランドの文脈を丹念に分析しつつ、いかにヒュームの思想がエピクロス主義に影響され、それがいかに同時代スコットランドにとっては衝撃的であったかを読み解く。
こうして、ナポリとスコットランドにおけるエピクロス主義の受容により、それぞれに経済学が成立するに至る。エピクロス主義の啓蒙への影響自体は、目新しい主張とは言えないが、ロバートソンは、その成立にあたって、いかにキリスト教・神学が影響しているかを極めて精緻に読み解く。その点で、ロバートソンは啓蒙を「世俗化」や非宗教的なものとはみない。むしろ、宗教が啓蒙にとりいかに重要であったかをロバートソンは強調する。

宗教が啓蒙にとり重要であったことは、ロバートソンの師であるトレヴァー＝ローパーが著作『宗教・宗教改革・社会変化その他 *Religion, the Reformation and social change, and other essays*』(London: Macmillan, 1967; 小川他訳『宗教改革と社会変動』（未来社、一九七八年））所収の論文において取り組んだ問題であった。実際、トレヴァー＝ローパーの啓蒙における宗教論について、ロバートソンは、それ以後の研究の進展と、ローパーの意義について論じている（"Hugh Trevor-Roper, Intellectual History and 'The religious origins of the Enlightenment'", *English Historical Review*, CXXIV (511), 2009).

また、ロバートソンは、S・モーティマー S. Mortimer とともに『宗教的異説の知的帰結一六〇〇～一七五〇年 *The intellectual consequences of religious heterodoxy 1600-1750*』(Leiden and Boston: Brill, 2012) を著し、そこでのモーティマーとの共著論文「自然、啓示、歴史——宗教的異説の知的帰結一六〇〇～一七五〇年 "Nature, Revelation, History: The intellectual consequences of religious heterodoxy 1600-1750"」において、宗教的異端を含む、確立された正統派宗派に属さない宗教的異説が、いかに、それへの反駁を通じて、正統派の教義を洗練に導いたかを説明した。のみならず、それらの初期近代における論争が、神学にとどまらず、自然法思想にも重大な影響を与えたことを指摘した。

さらに、ホッブズに反駁して、人間の社交性をいかに証明するかという問題について、プロテスタントが自然法思想に向かったのに対して、カトリック陣営は聖書研究に基づいてそれを証明しようとした。その点を、ナポリ啓蒙に基づきつつロバートソンは論じた（「聖なる歴史と政治思想――ホッブズ以降の社交性の問題についてのナポリの応答 "Sacred history and political thought: Neapolitan responses to the problem of sociability after Hobbes"」（*The Historical Journal*, 56(1), 2013)）。「聖なる歴史 sacred」とは、聖書そしてキリスト教文献に基づいた歴史のことであり、そこでは神や預言者やキリストによる奇跡も歴史叙述の対象となる。ロバートソンは近年「聖なる歴史」が啓蒙にとり重要であったということに着目し、その点の単著を準備中とも聞く。とくに最近、啓蒙は、単に世俗化を意味しているのではなく、実は宗教とは切っても切り離せないということに研究上着目されているが、その点に大いに貢献する著作となることであろう。

（野原慎司）

啓蒙について

本書は、ロバートソンの最も新しい著書の一つである。その狙いについては第一章と第五章で明確に説明されており、ここであえて解説を施す必要はないかもしれないが、簡潔に確認しておきたい。ロバートソンは本書において、対象領域を無際限に広げ、「進歩的」と見なしうるあらゆる事項を網羅的に取り込んでいこうとする近年の啓蒙研究の流れに、明らかに批判的な態度をとっている。彼にとって、そうした研究動向は「インフレ圧力」に抗いきれずに生じた過大な膨張以外の、何ものでもないからである。

もちろんロバートソンは、啓蒙がそもそも後代の観点から再構築された歴史的、哲学的概念に他ならないこと、言い換えれば、過去においてすでに完結した同時代的概念ではないことを認めているが、だからと言って、後代の問題関心が移り変わるのに合わせて、啓蒙という名のるつぼに何でも投げ込んでかまわないとは考えない。後代の研究者が、自らの時代において必要または枢要とされる価値観に正統性を付与しようと過去に遡り、後代にとって都合よく引き伸ばされた啓蒙の絵画の中に描き込まれた、その先駆像を見つけ出そうと躍起になる姿に、彼は潔さを覚えない。あるいは、啓蒙の思想的内実を綿密に考証する営みから離れ、容器を調査することを通じて間接的に中身を定義しようとし、結果的に、拡散的な啓蒙概念しか提示できなくなっている昨今の動向を、彼は険しい目で見つめている。それゆえに彼は、啓蒙に定冠詞のtheを付すことにこだわる。ロバートソンにとっての啓蒙とはあくまで、彼自身の言葉を繰り返すとすれば「十八世紀に特徴的な知的運動、つまり、この地上における人間の境遇のより良い理解と、その理解をもとにした人間の境遇の実践的進歩とに捧げられた運動」に、意味範囲を限定されるべきものなのである。

啓蒙の遺産をめぐる、歴史家間、哲学者間、そして両者間の論争はやむことなく続く。ロバートソンは啓蒙をあえて今日的問題として捉えず、用語法を含め、あくまで「歴史的」に、すなわち同時代の運動の再現に自己限定することに努める立場から啓蒙にアプローチした。そしてそのことでかえって、人間的営為の多様性に対する私たちの「包容力」が、過去との緊張関係において試されるきっかけを提示することになるだろうと述べている。啓蒙思想家という、いわば異時代の他者からの挑戦に応え続けることが現代の私たちの課題であるという言葉で、ロバートソンは本書を結ぶ。

第二章では、啓蒙と宗教の関係を、必ずしも敵対的なものとしてではなく、むしろ相補的なものとして描き直す。啓蒙をもっぱら世俗化、すなわち宗教が社会生活上の「任意の次元」と化していく過程に結びつける通説と、その延長線上にあって勢いを増すジョナサン・イスラエルの「ラディカルな啓蒙」路線を、全面的に拒否しない代わりに、宗教に対する啓蒙の立ち位置にはかなりの幅がありえたことを、宗教戦争時代から十八世紀にかけての全ヨーロッパ思想史をたどる中で、示そうとする。

ロバートソンは、聖書の言葉に従うべしとする啓示宗教と、第二の聖書たる自然の秩序、すなわち自然法に従うべしとする自然宗教のあいだの、相互作用を問題にする。前者は頑迷なまだった反面、後者から啓蒙が生まれ出た、といった単純図式では説明のつかない領域横断的な探究が、とりわけ十七世紀に数多く登場しているからである。神の言葉としての啓示には、当時の聖書年代学が鋭い刃をつきつけた。しかしその批判自体が、聖書理解のための新しい視野を切り開いた。自然宗教は、異端や異教、無神論の起源に正統派の側からアプローチする糸口となった。啓示と自然の両宗教は、年代記のごとき歴史的次元と、世界諸地域の比較宗教学的知見をもたらした地理的次元の、双方において結びつき、聖書研究の深化を押しとどめるどころか、むしろ後押しした。そしてその中から、宗教一般をその源流までたどることを通じて最初の人間社会の姿にアプローチする、普遍的な「人間史」研究が生まれ出た。

啓蒙の打ち立てた金字塔としばしば見なされる「寛容」の理念は、実際には宗教戦争時代にすでに出現していた。ただしそれは、異なる信仰同士の妥協を促さなければ血みどろの闘争を防ぎようがないほどに、世俗の平和を保つべき権威が無力だったためであった。つまり、平和という公益への政治的配慮をもって、寛容は消極的に認められたにすぎず、その証拠に、宗教の強制統一を平和裏に実現するほどに自らの権威は強固であるとの自負を抱いたフランス王のごときは、さっさとナント勅令を廃止してしまった（エラストス主義あるいはガリカニスムの勃興）。

その後、寛容の積極的擁護論は、世俗権威とは無関係に各個人の良心に従って礼拝する権利を、第二の聖書としての自然法から導き出す方法を説く中で現れたが、その方法がプロテスタント主義の文脈に排他的に属したことは明白であり、したがって、個人に過重な負荷を背負わせるとする既成教会側からの批判を（いま現在も）免れてはいない。

では、啓蒙に特徴的と呼びうる寛容の理念を、いったいどこに見出せばよいか。ロバートソンは、カラス事件後のフランスにおいて、寛容を個人の良心ではなく習俗の問題として定義したヴォルテールの所説に着目する。習俗が向上し「文明化」に向かう過程で、人々は寛容を学ぶ。ヴォルテールは、いっさい神学に訴えることなく歴史的説明にだけ依拠することで、寛容を特定の宗教的文脈から解き放とうとした。その後に続く十八世紀最後の四半世紀の動向はめまぐるしく、評価は分かれるにせよ、普遍的「人権」の名のもとにあらゆる宗教に対する寛容と自由を宣言するところにまで進んだ。この動向を、通説通り、宗教に敵対的な過程と見なすこともできようが、ロバートソンが締めくくりにギボンを取り上げたのは、宗教を世俗社会の営みと両立させる道を探究する意図のもと、革命の原理をもって現実を一刀両断にするのではなく、あくまで歴史的観点を維持しながら聖と俗の相互関係にさらに踏み込んだ、少なからぬ人々が同時代のヨーロッパに存在した事実を、強調するためであった。

続く第三章が本書の白眉だろう。上述した通り、啓蒙を「地上における」人間の境遇改善に結びつけるならば、来世ではなくこの世における「物質的境遇の改善」を追求する経済学が、かつての自然法学に取って代わりうるだけの普遍性を持つ社会の学問として、啓蒙思想の中核に位置付けられる。本章は、経済学の生誕をめぐる思想史を正面から取り上げた。境遇改善に向けた動機を、対自然ではなく対人的な欲求として、つまり他者の目を介した社会的地位の上昇欲求すなわち「自己愛着」(利己心)として論じたマンデヴィルと、その言説を引き継ぎ、「社会の進歩」を説明する一大叙事詩のエンジンに組み込んだアダム・スミスへとつながる思想潮流を柱に、「啓蒙の経済学」が生まれ出るまでの過程が鮮やかに描き出されている。

物語はマンデヴィル以前から始まる。人間は本性的に社交的かどうかという自然法学的問いに、ホッブズは否、プーフェンドルフは是と答えた。プロテスタント世界で好意的に受け止められたのは後者の説の方だが、権威で抑制しなければ人間は利己的情念にしたがって恣に振舞うと見る前者の流れもまた、プロテスタント世界を代表する論者ロックに、来世における制裁への恐れが人間の社交性の条件であると論じさせた。ロックの弟子シャフツベリは、来世に訴えた師を批判して現世的な「作法」の道徳性を説き、その議論は、人間共通の感情に類する「道徳感覚」の存在から自然的社交性を直截に導いたハチソンに継承される。ヒュームは道徳に、「同感」と「時の経過」による承認という、徹底して世俗的な基礎を与え、スミスは『道徳感情論』で、より複雑な道徳判断が求められる状況に対応できるようにヒューム説を発展させた。カントはヒューム、スミス流の「時の経過」説に納得せず、ア・プリオリな「定言命法」を措定することで、プーフェンドルフの批判者ライプニッツからヴォルフに流れた道徳の理性根源説を復活させつつ、しかし徹底的に世俗的な説明を行おうとした。定言命法を歴史的に立証することは困難だったが、物質的な境遇改善に関するかぎり、歴史は現実的展望を示していた。それこそが「社会の進歩」の観点から見晴るかす領野であり、狩猟、牧畜、農業、商業からなる「四段階理論」に立つスミス『国富論』を生み落としたヴィジョンである。

モンテスキュー『法の精神』が、政体・社会構造、習俗、地理風土、経済的条件を包括的に考慮に入れた比較史的観点を示唆したほか、新大陸での原住民との出会い、類人猿研究、言語起源論、女性論、あるいは第二章で触れた聖書年代学の興隆が、時間軸の上で人間同士を比較し、「進歩」への確信を胸に人間史を描き出すことを可能にした。これにはルソーからの痛烈な反撃が行われた。マンデヴィルが対人的な自己愛着（ルソーの用語では「自尊心」）を論じる際、アウグスティヌス主義（パスカルほか）を意識しつつ、社会においては自己評価に他人の目を媒介させるがゆえの欺瞞が付きものであるとした事態を、ルソーは堕落以外の何ものでもないと見なす。商業化の進んだ文明人は「他人の意見のなかでしか生きられない」とルソーは断罪する。言語が人間を自然状態から引き離して所有権を発生させると、不平等が派生し、やがて奢侈の蔓延が農村から都市へと人々を招き寄せ、集住に伴う専制統治を導き入れる。ルソーによれば、これが「社会の進歩」の顚末であった。物質的な境遇改善は、道徳的に見てつねに両義的だということである。ルソーの衝撃は、植民地奴隷制に象徴される近代帝国主義と結びついた文明の「貪欲と傲慢」を暴露した、レナルとディドロの『両インド史』にも補完され、広くヨーロッパ全土に波及した。スミスのそれに代表される経済学の役割は、まずもって、ルソーからのこの挑戦に効果的に応答することであった。

経済思想の急速な発展は、経済を国力の基礎と捉えるべき条件が整うことによって生じた。ロバートソンが描写する経済学史は、インフレと新大陸の銀との相関に着目した十七世紀スペインの「企画家たち」の議論や、三十年宗教戦争後の復興問題を受けて立ち上げられたドイツ「官房学」から説き起こしつつ、特にイングランドとフランスにおける保護主義に着目し、それがケアリーの製造業保護論、コルベールティスム、ボワギュルベールの農業保護論、果てはフェヌロンの強制帰農論（農工均衡論を説いたルソーにもつながる）を生み出したことを、「啓蒙の経済学」の前史として重視する。

十八世紀に特徴的な経済学の端緒は、フランスのミシシッピ計画を主導し破綻させたローのもとで秘書をつとめた、ムロンの著書『商業についての政治的試論』にある。ここでロバートソンはイタリアにまで視野を広げ、グルネ・サークルによる翻訳を通じてムロンの著作がヨーロッパ大に与えた影響を論じる。ボワギュルベール以来のフランス経済学は農業生産性の向上に気を配ったが、この流れはムロンを経由し、よりラディカルな重農主義に受け継がれる。結節点としてのムロンはナポリのジェノヴェージや、ミラノのヴェッリにも影響を及ぼした。したがってフランス流「啓蒙の経済学」を重農主義者のみに引きつけて語るのでは、不十分である。ドイツ官房学は十八世紀の後半にステュアート『経済の原理』の翻訳を生み、その動向はやがて「国民経済」と称する経済的自立志向へと結実することになるが、啓蒙における経済学の本流は、そのステュアートをも育んだスコットランドにおいて、フランスの動向を批判的に意識する中で生じた。すなわち、ロバートソンによれば、ヒュームとスミスの経済学こそ「啓蒙の経済学」を代表するものである。

　ヒュームとスミスにとって、商業こそが農業を含む他産業の発展の鍵であった。商業上の保護主義を、ヒュームは「貿易の嫉妬」と呼び、スミスは「不自然」な「重商主義」と断じて、そろって批判した。自由な商業は農業と製造業の双方にインセンティブを与えることで技術革新を起こしやすくし、生産性を向上させ、さらには富国と貧国とを問わず国際分業から恩恵を受けられるようにする。商業保護主義はこの効果を台無しにすることを、スミスは『国富論』で「富裕の自然的進歩」を論じながら歴史的に説明した。商業社会が、それ以前の社会に比べて物質的な境遇改善に資すること、つまり各個人が受け取ることのできる必需品や便宜品の量で計った所得をより多くすることは、スミスの目には明らかだった。「不作の恐怖」にさらされずにすむのはこの社会だけである。そのベネフィットは、ルソーの暴き出した道徳的コストを帳消しにはしないが、それを確実に負担する。これが、ルソーの問いかけに対するヒュームとスミスの回答であった。そしてこの回答には、各個人による自由な商業活動の多様性を人間の営み自体の多様性に重ね合わせ、そうして浮き彫りになった非政治的空間としての社会の意見、すなわち世論を、偏った情報にさらされがちな政府に対する牽制力として機能させるべきだとする判断も、伴われていた。

世論と政府のあいだの力学を啓蒙思想がどう彫琢したかを、制度やメディアとの関係で論じるのが、第四章である。冒頭を飾るのは、十八世紀イギリスの活字文化から多くを取材して「公共圏」概念を編み出したハーバーマスである。そこから話は下って、コーヒーハウスやチョコレートハウスなどの、現代の日本では少なくはなったが少し想像力を働かせてみればすぐに思い浮かぶ、新聞雑誌を取りそろえてきれいに並べた喫茶店のような、市井の、こう言ってよければ下町の言論空間が当時急速に拡大し、それが、啓蒙著述家の自立に大いに与って力があったことが述べられる。十八世紀において、活字印刷文化は着実にその規模を拡大した。もちろん政府は検閲でこれに応じたが、『百科全書』とマルゼルブのように柔軟な関係を築く場合も少なくなかった。教会に狙われ、地方領主の手で囚われたジャンノーネの有名な例はあるにせよ、概して、政府は出版文化を押しとどめる術を次第に失っていった。それに相反して拡張を続けたのがいわば下町の言論空間であり、啓蒙著述家はこの潮流に乗ることで自らの「オーサーシップ」を高め、パトロン支配から独立するだけでなく、自らを「公衆」の代弁者、先導者と位置付けることで自発的結社としての協会に陣取り、世論に手を焼く政府のための良き友人、助言者として振る舞う機会を手にしていった。ポツダムのヴォルテール、サンクトペテルブルクのディドロ然り、あるいは、改革の進む大学で次世代の教育を担った啓蒙教授陣や、政府後援のアカデミーで（著述家としての自立を若干損ねつつ）地位と名誉を得た文人たち然り。政治的権力の基礎は世論だと述べたヒュームにとどまらず、ナポリのフィランジェーリのように、世論を明確に「法廷」と見なし、政府すらその場で審判を受けることをためらうべきではないとする論者まで、現れた。世論は支配するもの、いや、できるものではなく、せいぜいそれを導くことしかできないものだ。自らの限界を自覚する政府こそが「近代的政府」である。この認識は、単なる反政府的な動機からではなく、経済学をはじめとする商業社会の学問が花開く中で、事実命題として登場してくる。

第四章の末尾に、「啓蒙と革命はどのような関係にあったのか」という、少なからず興味深い問いに答える、ごく短い節が置かれている。ロバートソンは、フランスで一七八九年に始まり十年後のクーデタで頂点を迎えた革命に焦点を絞り、それを「政治的代理機能の逆襲」のひと言で総括する。つまり、長いタイムスパンをとって事細かに描き出した「社会の進歩」の漸進的過程をふまえ、「公衆」の先導という間接的行動を通じて緩やかに政府を教育しようとした啓蒙へのアンチテーゼとして、つまり勃興する社会的なるものへの、旧来の政治的手法の側からの激しい反動として、革命という若々しい、いや荒々しい直接行動は現れたと見るのである。啓蒙を革命と結びつける視点は、革命が起こって以後、いわば後知恵に依拠して啓蒙思想と革命思想との連続性を強調し、革命を著述家たちの「陰謀」によるものと評した「反フィロゾーフ」たちの創作物語から、逆に借用されたものだ。そうロバートソンは指摘する。

以上、本書の中身を大まかに見てきた。この概観を一助とし、読者諸賢が自ら本書を紐解かれることを願う。最後に、著者ロバートソン自身は論じることを禁欲したかに思える啓蒙の現代的意義について、訳者の立場から少しばかり論じてみたい。手引きとするのは、ロバートソンが本書を出版する五年前に編んだ師 Hugh Trevor-Roper の論文集『歴史と啓蒙 *History and the Enlightenment*』(New Haven: Yale U. P., 2010) に第二論文として収録された、題して「スコットランド啓蒙 "The Scottish Enlightenment"」である。

この二十一世紀において、道路や上下水道をはじめとする前世紀型インフラの整備がすこぶる遅滞している後進社会で、かえって携帯電話の普及率がその他の社会を上回ることがあるのに似て、十八世紀のスコットランドは後進ゆえのメリットを生かして啓蒙の花形となりえた。後進、肯定的に言い換えれば次世代は単なるキャッチアップを行うのではなく、多かれ少なかれ、模範とするべきものを超え出ていくのである。ここでトレヴァー=ローパーの言葉に、弟子ロバートソンと同じく、耳を傾けよう。社会変化の契機は、後進社会が自らを「後進」と意識しうるかどうかにかかっている。自らの周囲に保存されている、それまでは当たり前に見えていた情景を、今や「古い (archaic)」社会の名残として捉え直す。そしてその旧習俗、制度、経済的条件その他と先進社会のそれとを比較し、差延を明確に把握する中で、後者に時間軸の上でキャッチアップする方法だけでなく、社会そのもののあるべき姿や、ひいては人間のありかたをめぐる哲学についてまで、より深く掘り下げていく。だからこそ、「先進」社会を抜く水準の学問が、むしろ「後進」社会においてこそ花開くことになる。成熟した社会ではもはや

「進歩」は起こらない。あるいは成熟は意識の問題にすぎないとすれば、成熟を自認して胡坐をかいている場に、活力のみなぎる機会が巡り来ることはもはやないということになろう。今の日本社会とその意識がいかなる状況に置かれているか、ここで議論する余裕はない。ただ、既存の体制内におけるより効率的な階梯上昇を図ったり、あるいは残されたストックをより早くより多く費消したりするためだけの、後ろ向きの変革精神ではなく、社会をより良く改革するための健全な批判精神が、いまこそ求められているのかもしれない。

（林直樹）

＊＊＊

本邦訳は、訳者のうちの一人（野原慎司）が二〇一七年にケンブリッジ大学歴史学部客員研究員として、ジョン・ロバートソン教授に受け入れて頂いたことをきっかけとしている。ロバートソン教授、および本邦訳にあたり御仲介頂いた田中秀夫京都大学名誉教授・愛知学院大学教授に、感謝したい。

なお、本訳は、第一章（共訳）、第二・三章（野原慎司）、第四・五章・読書案内・文献（林直樹）の分担で行った。

ま行

や行

ら行

文献

第二章　宗教との関わり

David Hume, *The Natural History of Religion*, critical edition by T. L. Beauchamp (Oxford, 2007), p. 35. 福鎌忠恕・斎藤繁雄訳『宗教の自然史』（法政大学出版局 , 2011）7-8.

Voltaire, *Treatise on Toleration*, ed. Simon Harvey (Cambridge, 2000), p. 25. 中川信訳『寛容論』（中公文庫 , 2011）48.

Edward Gibbon, *The Decline and Fall of the Roman Empire*, ed. David Womersley (London, 1995) vol. 1, ch. 15, p. 447; vol. 3, ch. 50, note 114, p. 192. 中野好夫訳『ローマ帝国衰亡史２』（ちくま学芸文庫 , 1996）259-60. 中野好之訳『ローマ帝国衰亡史８』（同 , 1996）59.

第三章　境遇の改善

Adam Smith, *The Theory of Moral Sentiments*, ed. D. D. Raphael and A. L. Macfie (Oxford, 1976; Indianapolis, 1984), pp. 50, 61, 184-5. 水田洋訳『道徳感情論』（岩波文庫 , 2003）上 128-30, 160-62, 下 23-25.

Samuel Pufendorf, *On the Duty of Man and Citizen*, ed. J. Tully (Cambridge, 1991), pp. 118-19. 前田俊文訳『自然法にもとづく人間と市民の義務』（京都大学学術出版会 , 2016）173-76.

John Locke, *Two Treatises of Government*, ed. P. Laslett (Cambridge, 1960, 1988), pp. 319, 354, 315. 加藤節訳『統治二論』（岩波文庫 , 2010）350, 414

David Hume, *A Treatise of Human Nature*, ed. P. H. Nidditch (Oxford, 1978), book 3, part 3, section 5, p. 615. 伊勢俊彦・石川徹・中釜浩一訳『人間本性論 第三巻 道徳について』（法政大学出版局 , 2012）177.

David Hume, *Essays, Moral, Political, and Literary*, ed. E. F. Miller (Indianapolis, 1985), pp. 263, 331, 629. 田中敏弘訳『道徳・政治・文学論集』（名古屋大学出版会 , 2011）183, 216, 267.

Jean-Jacques Rousseau, *The Discourses and Other Early Political Writings*, transl. and ed. V. Gourevitch (Cambridge, 1997), pp. 170, 187. 原好夫訳『人間不平等起原論』（ルソー・コレクション , 白水社 , 2012）88, 111.

Adam Smith, *The Wealth of Nations*, ed. R. H. Campbell and A. S. Skinner (Oxford, 1976; Indianapolis, 1982), p. 540. 水田洋監訳 , 杉山忠平訳『国富論』（岩波文庫 ,

2001）(3), 77-78.

第四章　公衆を啓蒙する

Hume, *Essays*, p. 32. 田中訳 25.
Gaetano Filangieri, *Scienza della legislazione*, ed. V. Ferrone, A. Trampus, et al. (Venice, 2003-4).「世論（public opinion）」については book 1, ch. 7 を参照のこと。

第五章　哲学と歴史の中の啓蒙

Isaiah Berlin, 'Review of Cassirer, *The Philosophy of the Enlightenment*', *English Historical Review*, 68 (1953).
Michel Foucault, 'What is Enlightenment?' (1983), *The Foucault Reader*, ed. Paul Rabinow (London, 1991), p. 43. 石田英敬訳「啓蒙とは何か」『ミシェル・フーコー思考集成 X』（筑摩書房 , 2002）17.

読書案内

全般にわたる入門書

最新の諸書を参照しつつ固有の主張でまとめている秀逸な入門書には，Dan Edelstein, *The Enlightenment: A Genealogy* (Chicago, 2010) がある。全般的通覧書としてすぐれているのは Dorinda Outram, *The Enlightenment* (Cambridge, 3rd edition, 2013) であり，思想史としていっそう内容豊かで説明に富み強靭なのは，Anthony Pagden, *The Enlightenment and Why It Still Matters* (Oxford, 2013) である。

啓蒙の解釈として近年最大の論議を呼んでいるのは，Jonathan Israel が 4 つの大部の書，すなわち *Radical Enlightenment: Philosophy and the Making of Modernity 1650-1750* (Oxford, 2001) と *Enlightenment Contested: Philosophy, Modernity and the Emancipation of Man 1670-1752* (Oxford 2005) そして *Democratic Enlightenment: Philosophy, Revolution and Human Rights* (Oxford, 2011) さらには *Revolutionary Ideas: An Intellectual History of the French Revolution from the Rights of Man to Robespierre* (Princeton, 2014) で示したそれである。

参考書としては他に J. W. Yolton, R. Porter, P. Rogers, and B. M. Stafford (eds), *The Blackwell Companion to the Enlightenment* (Oxford, 1991) と，4 巻本の A. C. Kors (ed.), *Encyclopedia of the Enlightenment* (Oxford, 2001) がある。

英語以外の言語による近年の刊行物のうち，特に注目すべきものには，啓蒙思想関連の主題のもとに著された 20 編の連続する小論で構成された G. Paganini and E. Tortarolo (eds), *Illuminismo: un vademecum* (Turin, 2008) と，S. Van Damme, *À toutes voiles vers la vérité. Une autre histoire de la philosophie au temps des Lumières* (Paris, 2014) がある。

啓蒙の原典

『百科全書すなわち諸学技芸事典』（1751 ～ 72 年）については，Robert Morrissey ならびに Glenn Roe の編纂によるものが，シカゴ大学 ARTFL Encyclopédie Project を通じて自由に閲覧可能である（http://portail.atilf.fr/encyclopedie/Formulaire-de-recherche.htm)。これはパリ刊の初版を再現したもので，原文検索機能のみならず要約のデータも提供している。ダランベール著「百科全書序論」の Richard Schwab による英訳 *Preliminary Discourse to the Encyclopédie* (Chicago, 1995) も存在する。

本書で取り上げた啓蒙の原典については，複数のペーパーバックシリーズがアクセスの容易な英語版を取りそろえている。例えば次のものがある。

ケンブリッジ大学出版局の政治思想史原典集 *Cambridge Texts in the History of Political*

Thought はベッカリーア，コンドルセ，ディドロ，ファーガソン，ホッブズ，ヒューム，カント，ロック，モンテスキュー，プーフェンドルフ，ルソー，ヴィーコを，哲学史原典集 *Cambridge Texts in the History of Philosophy* はコンディヤック，ヘルダー，カント，シャフツベリ，スミス，ヴォルテールを，リバティプレス (Liberty Fund, Indianapolis) はベール，カーマイケル，グロティウス，ハチソン，ヒューム（『道徳・政治・文学論集』と『イングランド史』)，ロック，マンデヴィル，スミスを，それぞれ提供する。

オックスフォード大学出版局は，ヒュームによる哲学著作のいくつかと，世界古典シリーズ World's Classics 版『論集』を公刊している。また，ホッブズおよびロックの諸著作の校訂版も公刊している。

ギボンについては，『ローマ帝国衰亡史』（1776 ～ 88 年）の David Womersley 編の 3 巻本 (London: Penguin, 1995) を参照されたい。

第一章　啓蒙

リュミエール lumières の 18 世紀的用法については Robert Mortier, *Clartés et Ombres du Siècle des Lumières: Études sur le XVIIIe siècle littéraire* (Geneva, 1969) を，またアウフクレールング Aufklärung をめぐるドイツ語圏の論争については，「啓蒙とは何か Was ist Aufklärung」という問いへの回答としてメンデルスゾーンならびにカントが著した論考を収録した James Schmidt (ed.), *What is Enlightenment? Eighteenth-Century Answers and Twentieth-Century Questions* (Berkeley and London, 1996) を見られたい。

古代近代論争については Dan Edelstein, *The Enlightenment: A Genealogy* の特に 3，5，6 章を，科学革命については Lawrence M. Principe, *The Scientific Revolution: A Very Short Introduction* (Oxford, 2011) を参照。ただし後者は科学革命という用語を否定する。

17 世紀および 18 世紀の哲学史に関する概説には，M. Ayers and D. Garber (eds), *The Cambridge History of Seventeenth-Century Philosophy*, 2 vols (Cambridge, 2003) と K. Haakonssen (ed.), *The Cambridge History of Eighteenth-Century Philosophy*, 2 vols (Cambridge, 2006) がある。反フィロゾーフに関しては Darrin M. McMahon, *Enemies of the Enlightenment: The French Counter-Enlightenment and the Making of Modernity* (Oxford and New York, 2001) を参照されたい。

啓蒙の歴史的再構成については次の通りである。文学者たちの手で書かれた初期の重要著作には，Paul Hazard, *The European Mind 1680-1715*（初版は 1935 年にフランス語で出版され，1953 年に英訳がロンドンで出版された）と Daniel Mornet, *Les origines intellectuelles de la Révolution française 1715-1787*（1933 年パリ刊）がある。Franco Venturi の初期著作としては *Jeunesse de Diderot (1713-1753)*（1939 年パリ刊）を挙げておく。

啓蒙の地理的拡張については Roy Porter and Mikulas Teich (eds), *The Enlightenment in National Context* (Cambridge, 1981) を見よ。この点の社会史に大きく貢献したのは Robert Darnton, 'The high Enlightenment and the low life of literature in pre-Revolutionary France', *Past and Present*, 51 (1971) であり，後者のリプリント版は *The Literary Under-ground of the Old Regime* (Cambridge, MA, 1982) に収録されている。啓蒙における女性研究は，Sarah Knott and Barbara Taylor (eds), *Women, Gender and Enlightenment* (Basingstoke, 2005) で緒に就いたばかりである。啓蒙の「言語」の拡散については，

John Pocock, 'Historiography and Enlightenment: a view of their history', *Modern Intellectual History*, 5 (2008) を見よ。

第二章　宗教との関わり

急進的かつ反宗教的な啓蒙こそが真の啓蒙であると見なす Jonathan Israel の主張は，「総合案内」に位置付けられる彼の四作中の第一作 *Radical Enlightenment* (2001) で最も的確に述べられている。これの向こうを張る主張には，H. R. Trevor-Roper, *Reformation and Social Change* (London, 1967) 所収の 'The religious origins of the Enlightenment' がある。

17 世紀における自然宗教および聖典研究の進展については，Dmitri Levitin, *Ancient Wisdom in the Age of the New Science: Histories of Philosophy in England c.1640-1700* (Cambridge, 2015) を見られたい。

17 世紀末ならびに 18 世紀初頭の宗教批判については，Israel を先取りするものとして，Margaret Jacob, *The Radical Enlightenment: Pantheists, Freemasons and Republicans* (London, 1981) と Ira O. Wade, *The Clandestine Organization and Diffusion of Philosophic Ideas in France from 1700 to 1750* (Princeton and London, 1938) がある。宗教を批判するというよりも興味本位で眺めたものに，Lynn Hunt, Margaret Jacob, and Wijnand Mijnhardt, *The Book that Changed Europe: Picart and Bernard's Religious Ceremonies of the World* (Cambridge, MA, and London, 2010) がある。

18 世紀の聖書研究に関しては Jonathan Sheehan, *The Enlightenment Bible: Translation, Scholarship, Culture* (Princeton and Oxford, 2005) がある。Adam Sutcliffe, *Judaism and Enlightenment* (Cambridge, 2003) も参照されたい。

寛容をめぐる議論に関してなら，O. P. Grell and R. Porter (eds), *Toleration in Enlightenment Europe* (Cambridge, 2000)　や J. Parkin and T. Stanton (eds), *Natural Law and Toleration in the Early Enlightenment* (Proceedings of the British Academy: 186, Oxford, 2013) を見られたい。「人間の権利」を擁護する，あるいは根拠とする議論に関しては，Lynn Hunt, *Inventing Human Rights: A History* (New York, 2007) を勧める。

18 世紀における史料編纂の聖俗両面については，ギボンと彼の属した文脈の浩瀚で複数冊にわたる研究であるところの，John G. A. Pocock, *Barbarism and Religion*, 6 vols: I *The Enlightenment of Edward Gibbon* (1999), II *Narratives of Civil Government* (1999), III *The First Decline and Fall* (2003), IV *Barbarians, Savages, and Empires* (2005), V *Religion: The First Triumph* (2010), VI *Barbarism: Triumph in the West* (2015) を参照されたい。

第三章　境遇の改善

概説としては M. Goldie and R. Wokler (eds), *The Cambridge History of Eighteenth-Century Political Thought* (Cambridge, 2006) を見られたい。

自然法と道徳哲学については，T. J. Hochstrasser, *Natural Law Theories in the Early Enlightenment* (Cambridge, 2000) と Ian Hunter, *Rival Enlightenments: Civil and Meta-*

physical Philosophy in Early Modern Germany (Cambridge, 2001) を参照せよ。

歴史叙述については，Hugh Trevor-Roper, *History and the Enlightenment* (New Haven and London, 2010) や M. S. Phillips, *Society and Sentiment: Genres of Historical Writing in Britain 1740-1820* (Princeton, 2000) そして Silvia Sebastiani, *The Scottish Enlightenment: Race, Gender and the Limits of Progress* (Basingstoke and New York, 2013) さらには Pocock 著 *Barbarism and Religion* の特に IV *Barbarians, Savages and Empires* を参照せよ。哲学者そして歴史家としてのヒュームに関しては James Harris, *David Hume: An Intellectual Biography* (New York and Cambridge, 2015) がある。

言語起源論争についてなら Avi Lifschitz, *Language and Enlightenment: The Berlin Debates of the Eighteenth Century* (Oxford, 2012) を見よ。

ルソーについては R. Wokler, *Rousseau* (Oxford, 1995) を勧める。

帝国批評に関しては S. Muthu, *Enlightenment Against Empire* (Princeton and Oxford, 2003) を見られたい。

経済学については，I. Hont, *Jealousy of Trade: International Competition and the Nation State in Historical Perspective* (Cambridge, MA, 2005) 田中秀夫監訳『貿易の嫉妬――国際競争と国民国家の歴史的展望』（昭和堂，2009）が今のところ標準書である。

ヒューム（彼による社交性の説明と彼の経済学）とジェノヴェージについては John Robertson, *The Case for the Enlightenment: Scotland and Naples 1680-1760* (Cambridge, 2005) を参照のこと。

アダム・スミスについては，秀逸な，しかも読みやすい学問的伝記として，Nicholas Phillipson, *Adam Smith: An Enlightened Life* (London, 2010) 永井大輔訳『アダム・スミスとその時代』（白水社，2014）がある。

第四章　公衆を啓蒙する

「公共圏」概念については，1962年刊のドイツ語原著を英訳した Jürgen Habermas, *The Structural Transformation of the Public Sphere: An Enquiry into a Category of Bourgeois Society* (Oxford, 1989) 細谷貞雄・山田正行訳『公共性の構造転換――市民社会の一カテゴリーについての探究』（未来社，1973年）を参照されたい。

良質な歴史的概説としては James Van Horn Melton, *The Rise of the Public in Enlighten-ment Europe* (Cambridge, 2001) と Thomas Munck, *The Enlightenment: A Comparative Social History 1721-1794* (London, 2000) を見よ。

コーヒーその他の食の問題については E. C. Spary, *Eating the Enlightenment: Food and the Sciences in Paris, 1670-1760* (Chicago and London, 2012) がある。

フリーメーソンについては Margaret Jacob, *Living the Enlightenment: Freemasonry and Politics in Eighteenth-Century Europe* (Oxford, 1991) を見られたい。

サロンについては Dena Goodman, *The Republic of Letters: A Cultural History of the French Enlightenment* (Ithaca and London, 1994) があり，この書に応答したのが，2005年刊のフランス語原著を抄訳した Antoine Lilti, *The World of the Salons: Sociability and Worldliness in Eighteenth-Century Paris* (Oxford and New York, 2015) である。

アカデミーについては Daniel Roche, *Le siècle des lumières en province: Académies et*

académiciens provinciaux 1680-1789, 2 vols (Paris, 1978) および Jeremy Caradonna, *The Enlightenment in Practice: Academic Prize Contests and Intellectual Culture in France, 1670-1794* (Ithaca, 2012) を見られたい。ベルリン・アカデミーに関してなら Lifschitz, *Language and Enlightenment* を勧める。

『百科全書』の出版に関しては，Robert Darnton の卓越した論考 'The *Encyclopédie* wars of pre-revolutionary France', *American Historical Review*, 78 (1973) がある。

スコットランド人，および彼らのための在ロンドン出版業者，あるいはそれ以外の事柄については，Richard B. Sher, *The Enlightenment and the Book: Scottish Authors and their Publishers in Eighteenth-Century Britain, Ireland and America* (Chicago and London, 2006) を参照のこと。

啓蒙と統治および改革については次の著作を参照されたい。まず Franco Venturi, *Utopia and Reform in the Enlightenment* (Cambridge, 1971) が，続いて Derek Beales, *Joseph II*, 2 vols (Cambridge, 1987, 2009) および John A. Davis, *Naples and Napoleon: Southern Italy and the European Revolutions 1780-1860* (Oxford, 2006) さらに Paschalis M. Kitromilides, *Enlightenment and Revolution: The Making of Modern Greece* (Cambridge, MA, and London, 2013) があり，Gabriel Paquette, *Enlightenment, Governance, and Reform in Spain and its Empire 1759-1808* (Basingstoke, 2008) ならびに同一著者による *Imperial Portugal in the Age of Atlantic Revolutions: The Luso-Brazilian world c.1770-1850* (Cambridge, 2013) もある。

農業と手工業における経済改良に関しては Fredrik Albritton Jonsson, *Enlightenment's Frontier: The Scottish Highlands and the Origins of Environmentalism* (New Haven and London, 2013) と Joel Mokyr, *The Enlightened Economy: An Economic History of Britain 1700-1850* (New Haven and London, 2012) を見よ。

啓蒙と世論・印刷・革命については Keith M. Baker, *Inventing the French Revolution: Essays on French Political Culture in the Eighteenth Century* (Cambridge, 1990) および Robert Darnton, *The Forbidden Best-sellers of Pre-Revolutionary France* (London, 1996) を勧める。

革命期の政治思想とその啓蒙期の先達との関係性をめぐる理解は，Michael Sonenscher, *Before the Deluge: Public Debt, Inequality and the Intellectual Origins of the French Revolution* (Princeton and Oxford, 2007) および同一著者の *Sans-culottes: An Eighteenth-Century Emblem in the French Revolution* (Princeton and Oxford, 2008) の登場を受けて変容している。

第五章　哲学と歴史の中の啓蒙

James Schmidt は *What is Enlightenment? Eighteenth-Century Answers and Twentieth-Century Questions* の編者を務めたほか，「啓蒙」をめぐる現代の論争を扱った役立つ論文の数々の著者でもある。例えば彼の 'Misunderstanding the question: "What is Enlighten-ment?": Venturi, Habermas, and Foucault', *History of European Ideas*, 37 (2011) を見よ。また Vincenzo Ferrone, *The Enlightenment: History of an Idea* (Princeton and Oxford, 2015) も参照されたい。

啓蒙に対する主要な哲学的批判としては次のものが登場している。ドイツ語版が 1944

年に刊行された Theodor W. Adorno and Max Horkheimer, *Dialectic of Enlightenment* (New York, 1972, London, 1997) 徳永恂訳『啓蒙の弁証法——哲学的断想』（岩波文庫 , 2007）をはじめ，1959 年にドイツ語版が出た Reinhart Koselleck, *Critique and Crisis: Enlightenment and the Pathogenesis of Modern Society* (Oxford, 1988) 村上隆夫訳『批判と危機——市民的世界の病因論のための一研究』（未来社 , 1989）や，1960 年代以降に出版された論考を収める Isaiah Berlin, *Three Critics of Enlightenment: Vico, Hamann, Herder*, ed. H. Hardy (Oxford, 2013) のほか，Michel Foucault, *The Order of Things: An Archaeology of the Human Sciences* (London, 1970) 渡辺一民・佐々木明訳『言葉と物——人文科学の考古学』（新潮社 , 1974）および同一著者の *Discipline and Punish: The Birth of the Prison* (London, 1977) 田村俶訳『監獄の誕生——監視と処罰』（新潮社 , 1977）そして「啓蒙とは何か」と題された講義録を含む *The Foucault Reader: An Introduction to Foucault's Thought*, ed. Paul Rabinow (London, 1984) に加え，Alasdair MacIntyre, *After Virtue: A Study in Moral Theory* (London, 1981) 篠崎栄訳『美徳なき時代』（みすず書房 , 1993）さらには Richard Rorty, *Philosophy and the Mirror of Nature* (Princeton, 2009) 野家啓一監訳『哲学と自然の鏡』（産業図書 , 1993）がある。

啓蒙擁護の側には，Ernst Cassirer, *The Philosophy of the Enlightenment* (Princeton, NJ, 1951) 中野好之訳『啓蒙主義の哲学（上下）』（ちくま学芸文庫 , 2003）や Habermas, *Structural Transformation of the Public Sphere* のほか，Richard Rorty の論考 'The continuity between Enlightenment and postmodernism' を収録する K. M. Baker and P. H. Reill (eds), *What's Left of Enlightenment? A Postmodern Question* (Stanford, 2001) があり，また Samuel Fleischacker, *What is Enlightenment?* (Abingdon and Oxford, 2013) と Genevieve Lloyd, *Enlightenment Shadows* (Oxford, 2013) もある。

歴史家 Israel と Pagden については，前記の参照文献を見られたい。また，グローバルに拡張する「近代性」の甚だしい例の参照には，Sebastian Conrad, 'Enlightenment in global history: a historiographical critique', *American Historical Review*, 117 (2012) を勧める。

図版

1 The tree of knowledge
Wikimedia

2 Immanuel Kant
Mary Evans Picture Library

3 The principal religions of the world
British Museum Images

4 Giambattista Vico
Mary Evans Picture Library

5 Jean Calas on the scaffold (1762)
Mary Evans Picture Library

6 Pietro Giannone
Middle Temple Library/Science Photo Library

7 Edward Gibbon's *Decline and Fall of the Roman Empire*
de Beer Collection, Special Collections, University of Otago, Dunedin, New Zealand

8 'The Author of the Wealth of Nations', Adam Smith (1790)
Wikimedia

9 Jean-Jacques Rousseau
Wikimedia

10 'The Coffee-house Politicians'
City of London/HIP/Topfoto

11 Freemasons
Topfoto

12 The salon
World History Archive/Topfoto

13 The printing house
Artmedia/Heritage Images/Topfoto

14 David Hume's *History of Great Britain*
National Library of Scotland

15 'His Majesty's Historiographer'
Mary Evans Picture Library